TRANZLATY

Language is for everyone

Езикът е за всички

The Call of the Wild

Дивото зове

Jack London

English / Български

Into the Primitive
В примитивното

Buck did not read the newspapers.
Бък не четеше вестници.
Had he read the newspapers he would have known trouble was brewing.
Ако беше чел вестниците, щеше да знае, че се задават проблеми.
There was trouble not alone for himself, but for every tidewater dog.
Имаше проблеми не само за него, но и за всяко куче, живеещо в приливна вода.
Every dog strong of muscle and with warm, long hair was going to be in trouble.
Всяко куче, силно мускулесто и с топла, дълга козина, щеше да си има проблеми.
From Puget Bay to San Diego no dog could escape what was coming.
От Пюджет Бей до Сан Диего никое куче не можеше да избегне това, което предстоеше.
Men, groping in the Arctic darkness, had found a yellow metal.
Мъже, опипвайки арктическия мрак, бяха открили жълт метал.
Steamship and transportation companies were chasing the discovery.
Параходните и транспортните компании преследваха откритието.
Thousands of men were rushing into the Northland.
Хиляди мъже се втурваха към Северната земя.
These men wanted dogs, and the dogs they wanted were heavy dogs.
Тези мъже искаха кучета, а кучетата, които искаха, бяха тежки кучета.
Dogs with strong muscles by which to toil.
Кучета със силни мускули, с които да се трудят.

Dogs with furry coats to protect them from the frost.
Кучета с космата козина, която да ги предпазва от студа.

Buck lived at a big house in the sun-kissed Santa Clara Valley.
Бък живееше в голяма къща в слънчевата долина Санта Клара.
Judge Miller's place, his house was called.
Наричаше се къщата на съдия Милър.
His house stood back from the road, half hidden among the trees.
Къщата му стоеше встрани от пътя, полускрита сред дърветата.
One could get glimpses of the wide veranda running around the house.
Човек можеше да зърне широката веранда, обграждаща къщата.
The house was approached by graveled driveways.
До къщата се водеше по чакълести алеи.
The paths wound about through wide-spreading lawns.
Пътеките се виеха през обширни тревни площи.
Overhead were the interlacing boughs of tall poplars.
Над главите им се преплитаха клоните на високи тополи.
At the rear of the house things were on even more spacious.
В задната част на къщата нещата бяха още по-просторни.
There were great stables, where a dozen grooms were chatting
Имаше големи конюшни, където дузина коняри си бъбреха
There were rows of vine-clad servants' cottages
Имаше редици от облицовани с лозови настилки за слуги
And there was an endless and orderly array of outhouses
И имаше безкраен и подреден набор от външни постройки
Long grape arbors, green pastures, orchards, and berry patches.

Дълги лозови беседки, зелени пасища, овощни градини и ягодоплодни лехи.

Then there was the pumping plant for the artesian well.
След това имаше помпена инсталация за артезианския кладенец.

And there was the big cement tank filled with water.
И там беше големият циментов резервоар, пълен с вода.

Here Judge Miller's boys took their morning plunge.
Тук момчетата на съдия Милър се гмурнаха сутринта.

And they cooled down there in the hot afternoon too.
И те се разхладиха там в горещия следобед.

And over this great domain, Buck was the one who ruled all of it.
И над това голямо владение, Бък беше този, който управляваше всичко.

Buck was born on this land and lived here all his four years.
Бък е роден на тази земя и е живял тук през всичките си четири години.

There were indeed other dogs, but they did not truly matter.
Наистина имаше и други кучета, но те всъщност нямаха значение.

Other dogs were expected in a place as vast as this one.
На толкова огромно място се очакваха и други кучета.

These dogs came and went, or lived inside the busy kennels.
Тези кучета идваха и си отиваха или живееха в оживените развъдници.

Some dogs lived hidden in the house, like Toots and Ysabel did.
Някои кучета живееха скрити в къщата, като Тутс и Изабел.

Toots was a Japanese pug, Ysabel a Mexican hairless dog.
Тутс беше японски мопс, а Изабел - мексиканско куче без козина.

These strange creatures rarely stepped outside the house.
Тези странни същества рядко излизаха извън къщата.

They did not touch the ground, nor sniff the open air outside.

Те не докосваха земята, нито подушваха открития въздух навън.

There were also the fox terriers, at least twenty in number.
Имаше и фокстериери, поне двадесет на брой.

These terriers barked fiercely at Toots and Ysabel indoors.
Тези териери лаеха яростно по Тутс и Изабел вътре.

Toots and Ysabel stayed behind windows, safe from harm.
Тутс и Изабел останаха зад прозорците, в безопасност.

They were guarded by housemaids with brooms and mops.
Те бяха пазени от домашни прислужници с метли и мопове.

But Buck was no house-dog, and he was no kennel-dog either.
Но Бък не беше домашно куче, нито пък беше куче за развъдник.

The entire property belonged to Buck as his rightful realm.
Целият имот принадлежеше на Бък като негово законно владение.

Buck swam in the tank or went hunting with the Judge's sons.
Бък плуваше в резервоара или ходеше на лов със синовете на съдията.

He walked with Mollie and Alice in the early or late hours.
Той се разхождаше с Моли и Алис в ранните или късните часове.

On cold nights he lay before the library fire with the Judge.
В студените нощи той лежеше пред камината в библиотеката със съдията.

Buck gave rides to the Judge's grandsons on his strong back.
Бък возеше внуците на съдията на силния си гръб.

He rolled in the grass with the boys, guarding them closely.
Той се търкаляше в тревата с момчетата, пазейки ги отблизо.

They ventured to the fountain and even past the berry fields.
Те се осмелиха да стигнат до фонтана и дори покрай ягодовите поля.

Among the fox terriers, Buck walked with royal pride always.

Сред фокстериерите Бък винаги крачеше с кралска гордост.

He ignored Toots and Ysabel, treating them like they were air.

Той игнорира Тутс и Изабел, отнасяйки се с тях сякаш бяха въздух.

Buck ruled over all living creatures on Judge Miller's land.

Бък властваше над всички живи същества в земята на съдия Милър.

He ruled over animals, insects, birds, and even humans.

Той властвал над животни, насекоми, птици и дори хора.

Buck's father Elmo had been a huge and loyal St. Bernard.

Бащата на Бък, Елмо, беше огромен и лоялен санбернар.

Elmo never left the Judge's side, and served him faithfully.

Елмо никога не се отделяше от съдията и му служи вярно.

Buck seemed ready to follow his father's noble example.

Бък изглеждаше готов да последва благородния пример на баща си.

Buck was not quite as large, weighing one hundred and forty pounds.

Бък не беше чак толкова едър, тежеше сто и четиридесет паунда.

His mother, Shep, had been a fine Scotch shepherd dog.

Майка му, Шеп, беше чудесно шотландско овчарско куче.

But even at that weight, Buck walked with regal presence.

Но дори и с това тегло, Бък ходеше с царствено присъствие.

This came from good food and the respect he always received.

Това идваше от добрата храна и уважението, което винаги получаваше.

For four years, Buck had lived like a spoiled nobleman.

В продължение на четири години Бък беше живял като разглезен благородник.

He was proud of himself, and even slightly egotistical.

Той се гордееше със себе си и дори беше леко егоистичен.

That kind of pride was common in remote country lords.

Този вид гордост беше често срещана сред отдалечените селски лордове.

But Buck saved himself from becoming pampered house-dog.

Но Бък се спаси от това да се превърне в разглезено домашно куче.

He stayed lean and strong through hunting and exercise.

Той остана строен и силен чрез лов и упражнения.

He loved water deeply, like people who bathe in cold lakes.

Той обичаше водата дълбоко, като хората, които се къпят в студени езера.

This love for water kept Buck strong, and very healthy.

Тази любов към водата поддържаше Бък силен и много здрав.

This was the dog Buck had become in the fall of 1897.

Това беше кучето, в което Бък се беше превърнал през есента на 1897 г.

When the Klondike strike pulled men to the frozen North.

Когато ударът в Клондайк привлече мъжете към замръзналия Север.

People rushed from all over the world into the cold land.

Хора от цял свят се втурнаха в студената земя.

Buck, however, did not read the papers, nor understand news.

Бък обаче не четеше вестници, нито разбираше новини.

He did not know Manuel was a bad man to be around.

Той не знаеше, че Мануел е лош човек.

Manuel, who helped in the garden, had a deep problem.

Мануел, който помагаше в градината, имаше сериозен проблем.

Manuel was addicted to gambling in the Chinese lottery.

Мануел беше пристрастен към хазарта в китайската лотария.

He also believed strongly in a fixed system for winning.

Той също така силно вярваше във фиксирана система за победа.

That belief made his failure certain and unavoidable.

Тази вяра правеше провала му сигурен и неизбежен.

Playing a system demands money, which Manuel lacked.

Играта по система изисква пари, каквито на Мануел му липсваха.

His pay barely supported his wife and many children.

Заплатата му едва издържаше жена му и многото му деца.

On the night Manuel betrayed Buck, things were normal.

В нощта, в която Мануел предаде Бък, нещата бяха нормални.

The Judge was at a Raisin Growers' Association meeting.

Съдията беше на среща на Асоциацията на производителите на стафиди.

The Judge's sons were busy forming an athletic club then.

Синовете на съдията бяха заети с основаването на спортен клуб по това време.

No one saw Manuel and Buck leaving through the orchard.

Никой не видя Мануел и Бък да си тръгват през овощната градина.

Buck thought this walk was just a simple nighttime stroll.

Бък си помисли, че тази разходка е просто обикновена нощна разходка.

They met only one man at the flag station, in College Park.

Срещнаха само един мъж на станцията за флагове в Колидж Парк.

That man spoke to Manuel, and they exchanged money.

Този човек разговарял с Мануел и те си разменили пари.

"Wrap up the goods before you deliver them," he suggested.

„Опаковайте стоките, преди да ги доставите", предложи той.

The man's voice was rough and impatient as he spoke.

Гласът на мъжа беше дрезгав и нетърпелив, докато говореше.

Manuel carefully tied a thick rope around Buck's neck.

Мануел внимателно завърза дебело въже около врата на Бък.

"Twist the rope, and you'll choke him plenty"

„Усукай въжето и ще го задавиш яко.“

The stranger gave a grunt, showing he understood well.

Непознатият изсумтя, показвайки, че е разбрал добре.

Buck accepted the rope with calm and quiet dignity that day.

В онзи ден Бък прие въжето със спокойно и тихо достойнство.

It was an unusual act, but Buck trusted the men he knew.

Това беше необичайна постъпка, но Бък се доверяваше на мъжете, които познаваше.

He believed their wisdom went far beyond his own thinking.

Той вярваше, че тяхната мъдрост далеч надхвърля собственото му мислене.

But then the rope was handed to the hands of the stranger.

Но тогава въжето беше предадено в ръцете на непознатия.

Buck gave a low growl that warned with quiet menace.

Бък изръмжа тихо, предупредително с тиха заплаха.

He was proud and commanding, and meant to show his displeasure.

Той беше горд и властен и възнамеряваше да покаже недоволството си.

Buck believed his warning would be understood as an order.

Бък вярваше, че предупреждението му ще бъде разбрано като заповед.

To his shock, the rope tightened fast around his thick neck.

За негов шок, въжето се стегна бързо около дебелия му врат.

His air was cut off and he began to fight in a sudden rage.

Диханието му спря и той започна да се бори, обзет от внезапен гняв.

He sprang at the man, who quickly met Buck in mid-air.

Той скочи към мъжа, който бързо срещна Бък във въздуха.

The man grabbed Buck's throat and skillfully twisted him in the air.

Мъжът сграбчи Бък за гърлото и умело го завъртя във въздуха.

Buck was thrown down hard, landing flat on his back.

Бък беше силно хвърлен надолу и се приземи по гръб.

The rope now choked him cruelly while he kicked wildly.

Въжето сега го души жестоко, докато той риташе диво.

His tongue fell out, his chest heaved, but gained no breath.

Езикът му изхлузи, гърдите му се повдигнаха, но не си пое дъх.

He had never been treated with such violence in his life.

Никога през живота си не се беше отнасял с такова насилие.

He had also never been filled with such deep fury before.

Той също така никога преди не беше изпитвал такава дълбока ярост.

But Buck's power faded, and his eyes turned glassy.

Но силата на Бък избледня и очите му се замъглиха.

He passed out just as a train was flagged down nearby.

Той припадна точно когато наблизо спря влак.

Then the two men tossed him into the baggage car quickly.

След това двамата мъже бързо го хвърлиха във вагона за багаж.

The next thing Buck felt was pain in his swollen tongue.

Следващото нещо, което Бък почувства, беше болка в подутия си език.

He was moving in a shaking cart, only dimly conscious.

Той се движеше в трепереща каруца, само смътно съзнавайки всичко.

The sharp scream of a train whistle told Buck his location.

Острият писък на влакова свирка подсказа на Бък местоположението му.

He had often ridden with the Judge and knew the feeling.

Той често беше яздил със Съдията и познаваше чувството.

It was the unique jolt of traveling in a baggage car again.

Това беше отново онова неповторимо усещане от пътуването в багажен вагон.

Buck opened his eyes, and his gaze burned with rage.

Бък отвори очи и погледът му горяше от ярост.

This was the anger of a proud king taken from his throne.

Това беше гневът на горд цар, свален от трона си.

A man reached to grab him, but Buck struck first instead.

Един мъж се протегна да го хване, но Бък удари пръв.

He sank his teeth into the man's hand and held tightly.

Той заби зъби в ръката на мъжа и я стисна здраво.

He did not let go until he blacked out a second time.

Той не го пусна, докато не загуби съзнание за втори път.

"Yep, has fits," the man muttered to the baggageman.

— Да, има припадъци — промърмори мъжът на багажника.

The baggageman had heard the struggle and come near.

Багажникът беше чул боричкането и се беше приближил.

"I'm taking him to 'Frisco for the boss," the man explained.

„Водя го във Сан Франциско заради шефа", обясни мъжът.

"There's a fine dog-doctor there who says he can cure them."

„Там има един добър кучешки лекар, който казва, че може да ги излекува."

Later that night the man gave his own full account.

По-късно същата вечер мъжът даде пълния си разказ.

He spoke from a shed behind a saloon on the docks.

Той говореше от навес зад един салун на доковете.

"All I was given was fifty dollars," he complained to the saloon man.

„Всичко, което ми дадоха, бяха петдесет долара", оплака се той на собственика на салуна.

"I wouldn't do it again, not even for a thousand in cold cash."

„Не бих го направил отново, дори и за хиляда в брой."

His right hand was tightly wrapped in a bloody cloth.

Дясната му ръка беше плътно увита в окървавена кърпа.

His trouser leg was torn wide open from knee to foot.

Крачолът му беше широко разкъсан от коляното до петите.

"How much did the other mug get paid?" asked the saloon man.

„Колко е получил другият хал?" попита кръчмарят.

"A hundred," the man replied, "he wouldn't take a cent less."

„Сто", отвърнал мъжът, „не би взел и цент по-малко."

"That comes to a hundred and fifty," the saloon man said.

— Това прави сто и петдесет — каза кръчмарят.

"And he's worth it all, or I'm no better than a blockhead."

„И той си заслужава всичко, иначе не съм нищо повече от глупак."

The man opened the wrappings to examine his hand.

Мъжът отвори опаковката, за да огледа ръката си.

The hand was badly torn and crusted in dried blood.

Ръката беше силно разкъсана и покрита със засъхнала кръв.

"If I don't get the hydrophobia..." he began to say.

„Ако не получа хидрофобия...", започна той.

"It'll be because you were born to hang," came a laugh.

„Ще е защото си роден да бесиш" – чу се смях.

"Come help me out before you get going," he was asked.

„Ела да ми помогнеш, преди да тръгнеш", помолиха го.

Buck was in a daze from the pain in his tongue and throat.

Бък беше замаян от болката в езика и гърлото си.

He was half-strangled, and could barely stand upright.

Той беше полуудушен и едва можеше да се държи изправен.

Still, Buck tried to face the men who had hurt him so.

Въпреки това Бък се опита да се изправи срещу мъжете, които го бяха наранили толкова много.

But they threw him down and choked him once again.

Но те го хвърлиха на земята и го задушиха отново.

Only then could they saw off his heavy brass collar.

Едва тогава можеха да отрежат тежката му месингова яка.

They removed the rope and shoved him into a crate.

Махнаха въжето и го натикаха в сандък.

The crate was small and shaped like a rough iron cage.

Щандът беше малък и оформен като груба желязна клетка.

Buck lay there all night, filled with wrath and wounded pride.
Бък лежа там цяла нощ, изпълнен с гняв и наранена гордост.

He could not begin to understand what was happening to him.
Той не можеше да започне да разбира какво му се случва.

Why were these strange men keeping him in this small crate?
Защо тези странни мъже го държаха в този малък сандък?

What did they want with him, and why this cruel captivity?
Какво искаха от него и защо този жесток плен?

He felt a dark pressure; a sense of disaster drawing closer.
Той усети мрачен натиск; предчувствие за приближаваща катастрофа.

It was a vague fear, but it settled heavily on his spirit.
Беше смътен страх, но той силно го смаза.

Several times he jumped up when the shed door rattled.
Няколко пъти той скачаше, когато вратата на бараката тракаше.

He expected the Judge or the boys to appear and rescue him.
Той очакваше Съдията или момчетата да се появят и да го спасят.

But only the saloon-keeper's fat face peeked inside each time.
Но само дебелото лице на кръчмаря надничаше вътре всеки път.

The man's face was lit by the dim glow of a tallow candle.
Лицето на мъжа беше осветено от слабата светлина на лоена свещ.

Each time, Buck's joyful bark changed to a low, angry growl.
Всеки път радостният лай на Бък се променяше в ниско, гневно ръмжене.

The saloon-keeper left him alone for the night in the crate
Собственикът на кръчмата го остави сам за през нощта в клетката

But when he awoke in the morning more men were coming.

Но когато се събуди сутринта, идваха още мъже.

Four men came and gingerly picked up the crate without a word.

Четирима мъже дойдоха и предпазливо вдигнаха сандъка, без да кажат нито дума.

Buck knew at once the situation he found himself in.

Бък веднага разбра в какво положение се намира.

They were further tormentors that he had to fight and fear.

Те бяха още мъчители, с които той трябваше да се бори и от които да се страхува.

These men looked wicked, ragged, and very badly groomed.

Тези мъже изглеждаха зли, дрипави и много зле поддържани.

Buck snarled and lunged at them fiercely through the bars.

Бък изръмжа и се нахвърли яростно върху тях през решетките.

They just laughed and jabbed at him with long wooden sticks.

Те само се смееха и го бодеха с дълги дървени пръчки.

Buck bit at the sticks, then realized that was what they liked.

Бък захапа пръчките, после осъзна, че точно това им харесва.

So he lay down quietly, sullen and burning with quiet rage.

И така, той легна тихо, навъсен и горящ от тиха ярост.

They lifted the crate into a wagon and drove away with him.

Те качиха сандъка в каруца и отпътуваха с него.

The crate, with Buck locked inside, changed hands often.

Щандът, в който Бък беше заключен вътре, често сменяше собственика си.

Express office clerks took charge and handled him briefly.

Служителите от експресната служба поеха контрола и се справиха с него за кратко.

Then another wagon carried Buck across the noisy town.

След това друга каруца прекара Бък през шумния град.

A truck took him with boxes and parcels onto a ferry boat.

Камион го закарал с кутии и пакети наферибот.

After crossing, the truck unloaded him at a rail depot.
След като пресече, камионът го разтовари на железопътна гара.

At last, Buck was placed inside a waiting express car.
Накрая Бък беше настанен в чакащ експресен вагон.

For two days and nights, trains pulled the express car away.
В продължение на два дни и нощи влаковете отдалечаваха експресния вагон.

Buck neither ate nor drank during the whole painful journey.
Бък нито яде, нито пи през цялото мъчително пътуване.

When the express messengers tried to approach him, he growled.
Когато куриерите се опитаха да се приближат до него, той изръмжа.

They responded by mocking him and teasing him cruelly.
Те отговориха, като му се подиграваха и го дразнеха жестоко.

Buck threw himself at the bars, foaming and shaking
Бък се хвърли върху решетките, разпенен и трепереш

they laughed loudly, and taunted him like schoolyard bullies.
Те се смееха шумно и му се подиграваха като училищни побойници.

They barked like fake dogs and flapped their arms.
Те лаеха като фалшиви кучета и размахваха ръце.

They even crowed like roosters just to upset him more.
Те дори пееха като петли, само за да го разстроят още повече.

It was foolish behavior, and Buck knew it was ridiculous.
Това беше глупаво поведение и Бък знаеше, че е нелепо.

But that only deepened his sense of outrage and shame.
Но това само задълбочи чувството му на възмущение и срам.

He was not bothered much by hunger during the trip.
Не го притесняваше особено гладът по време на пътуването.

But thirst brought sharp pain and unbearable suffering.
Но жаждата носеше остра болка и непоносимо страдание.

His dry, inflamed throat and tongue burned with heat.
Сухото му, възпалено гърло и език горяха от топлина.

This pain fed the fever rising within his proud body.
Тази болка подхранваше треската, която се надигаше в гордото му тяло.

Buck was thankful for one single thing during this trial.
Бък беше благодарен за едно-единствено нещо по време на това изпитание.

The rope had been removed from around his thick neck.
Въжето беше свалено от дебелия му врат.

The rope had given those men an unfair and cruel advantage.
Въжето беше дало на тези мъже несправедливо и жестоко предимство.

Now the rope was gone, and Buck swore it would never return.
Сега въжето го нямаше и Бък се закле, че никога няма да се върне.

He resolved no rope would ever go around his neck again.
Той реши никога повече да не увие въже около врата си.

For two long days and nights, he suffered without food.
В продължение на два дълги дни и нощи той страдаше без храна.

And in those hours, he built up an enormous rage inside.
И в тези часове той натрупа в себе си огромна ярост.

His eyes turned bloodshot and wild from constant anger.
Очите му станаха кръвясали и диви от постоянен гняв.

He was no longer Buck, but a demon with snapping jaws.
Той вече не беше Бък, а демон със щракащи челюсти.

Even the Judge would not have known this mad creature.
Дори Съдията не би познал това лудо същество.

The express messengers sighed in relief when they reached Seattle
Куриерите въздъхнаха с облекчение, когато стигнаха до Сиатъл

Four men lifted the crate and brought it to a back yard.

Четирима мъже вдигнаха сандъка и го занесоха в задния двор.

The yard was small, surrounded by high and solid walls.

Дворът беше малък, ограден с високи и солидни стени.

A big man stepped out in a sagging red sweater shirt.

Едър мъж излезе с увиснала червена риза-пуловер.

He signed the delivery book with a thick and bold hand.

Той подписа книгата за доставки с дебел и дебел почерк.

Buck sensed at once that this man was his next tormentor.

Бък веднага усети, че този мъж е следващият му мъчител.

He lunged violently at the bars, eyes red with fury.

Той се нахвърли яростно върху решетките, очите му бяха зачервени от ярост.

The man just smiled darkly and went to fetch a hatchet.

Мъжът само се усмихна мрачно и отиде да донесе брадва.

He also brought a club in his thick and strong right hand.

Той също така донесе тояга в дебелата си и силна дясна ръка.

"You going to take him out now?" the driver asked, concerned.

— Ще го изведеш ли сега? — попита загрижено шофьорът.

"Sure," said the man, jamming the hatchet into the crate as a lever.

— Разбира се — каза мъжът, забивайки брадвичката в сандъка като лост.

The four men scattered instantly, jumping up onto the yard wall.

Четиримата мъже се разпръснаха мигновено, скачайки върху стената на двора.

From their safe spots above, they waited to watch the spectacle.

От безопасните си места горе те чакаха да наблюдават зрелището.

Buck lunged at the splintered wood, biting and shaking fiercely.

Бък се нахвърли върху разцепеното дърво, хапейки и треперейки яростно.

Each time the hatchet hit the cage), Buck was there to attack it.

Всеки път, когато брадвата удряше клетката, Бък беше там, за да я атакува.

He growled and snapped with wild rage, eager to be set free.

Той ръмжеше и щракаше с дива ярост, нетърпелив да бъде освободен.

The man outside was calm and steady, intent on his task.

Мъжът отвън беше спокоен и уравновесен, съсредоточен върху задачата си.

"Right then, you red-eyed devil," he said when the hole was large.

— Добре тогава, червенооки дяволче — каза той, когато дупката стана голяма.

He dropped the hatchet and took the club in his right hand.

Той хвърли брадвата и взе тоягата в дясната си ръка.

Buck truly looked like a devil; eyes bloodshot and blazing.

Бък наистина приличаше на дявол; очи кръвясали и пламтящи.

His coat bristled, foam frothed at his mouth, eyes glinting.

Козината му настръхна, пяна се издигна от устата му, очите му блестяха.

He bunched his muscles and sprang straight at the red sweater.

Той стегна мускули и се хвърли право към червения пуловер.

One hundred and forty pounds of fury flew at the calm man.

Сто и четиридесет паунда ярост полетяха към спокойния мъж.

Just before his jaws clamped shut, a terrible blow struck him.

Точно преди челюстите му да се стиснат, го удари ужасен удар.

His teeth snapped together on nothing but air

Зъбите му щракнаха само във въздуха

a jolt of pain reverberated through his body
пронизителна болка прониза тялото му

He flipped midair and crashed down on his back and side.
Той се преобърна във въздуха и се срина по гръб и настрани.

He had never before felt a club's blow and could not grasp it.
Никога преди не беше усещал удар с тояга и не можеше да го схване.

With a shrieking snarl, part bark, part scream, he leaped again.
С пронизително ръмжене, отчасти лай, отчасти писък, той скочи отново.

Another brutal strike hit him and hurled him to the ground.
Още един жесток удар го удари и го хвърли на земята.

This time Buck understood—it was the man's heavy club.
Този път Бък разбра — това беше тежката тояга на мъжа.

But rage blinded him, and he had no thought of retreat.
Но яростта го заслепи и той не помисли за отстъпление.

Twelve times he launched himself, and twelve times he fell.
Дванадесет пъти се хвърли и дванадесет пъти падна.

The wooden club smashed him each time with ruthless, crushing force.
Дървената тояга го разбиваше всеки път с безмилостна, смазваща сила.

After one fierce blow, he staggered to his feet, dazed and slow.
След един силен удар, той се изправи на крака, замаян и бавен.

Blood ran from his mouth, his nose, and even his ears.
Кръв течеше от устата, носа и дори ушите му.

His once-beautiful coat was smeared with bloody foam.
Някогашното му красиво палто беше оцапано с кървава пяна.

Then the man stepped up and struck a wicked blow to the nose.
Тогава мъжът се изправи и нанесе жесток удар в носа.

The agony was sharper than anything Buck had ever felt.

Агонията беше по-силна от всичко, което Бък някога беше изпитвал.

With a roar more beast than dog, he leaped again to attack.

С рев, по-скоро зверски, отколкото кучешки, той отново скочи, за да атакува.

But the man caught his lower jaw and twisted it backward.

Но мъжът хвана долната му челюст и я изви назад.

Buck flipped head over heels, crashing down hard again.

Бък се преобърна с главата надолу и отново се срина силно.

One final time, Buck charged at him, now barely able to stand.

За последен път Бък се нахвърли върху него, едва издържайки на крака.

The man struck with expert timing, delivering the final blow.

Мъжът удари с експертно прецизно преценяване на времето, нанасяйки последния удар.

Buck collapsed in a heap, unconscious and unmoving.

Бък се строполи на купчина, в безсъзнание и неподвижен.

"He's no slouch at dog-breaking, that's what I say," a man yelled.

„Не е никак слаб в обучаването на кучета, това казвам аз", извика един мъж.

"Druther can break the will of a hound any day of the week."

„Друтер може да пречупи волята на куче по всяко време на седмицата."

"And twice on a Sunday!" added the driver.

„И два пъти в неделя!", добави шофьорът.

He climbed into the wagon and cracked the reins to leave.

Той се качи в каруцата и дръпна юздите, за да тръгне.

Buck slowly regained control of his consciousness

Бък бавно възвърна контрола над съзнанието си

but his body was still too weak and broken to move.

но тялото му все още беше твърде слабо и съкрушено, за да се движи.

He lay where he had fallen, watching the red-sweatered man.

Той лежеше там, където беше паднал, и наблюдаваше мъжа с червен пуловер.

"He answers to the name of Buck," the man said, reading aloud.

— Откликва на името Бък — каза мъжът, четейки на глас.

He quoted from the note sent with Buck's crate and details.

Той цитира бележката, изпратена със сандъка на Бък, и подробностите.

"Well, Buck, my boy," the man continued with a friendly tone,

— Е, Бък, момчето ми — продължи мъжът с приятелски тон,

"we've had our little fight, and now it's over between us."

„Скарахме се малко и сега всичко между нас приключи.“

"You've learned your place, and I've learned mine," he added.

„Ти си научил мястото си, а аз научих моето“, добави той.

"Be good, and all will go well, and life will be pleasant."

„Бъди добър и всичко ще бъде наред, а животът ще бъде приятен.“

"But be bad, and I'll beat the stuffing out of you, understand?"

„Но ако бъдеш лош, ще те пребия от бой, разбираш ли?“

As he spoke, he reached out and patted Buck's sore head.

Докато говореше, той протегна ръка и потупа болната глава на Бък.

Buck's hair rose at the man's touch, but he didn't resist.

Косата на Бък се надигна от докосването на мъжа, но той не се съпротивляваше.

The man brought him water, which Buck drank in great gulps.

Мъжът му донесе вода, която Бък изпи на големи глътки.

Then came raw meat, which Buck devoured chunk by chunk.

След това дойде сурово месо, което Бък поглъщаше парче по парче.

He knew he was beaten, but he also knew he wasn't broken.

Той знаеше, че е победен, но знаеше също, че не е съкрушен.

He had no chance against a man armed with a club.

Той нямаше никакъв шанс срещу мъж, въоръжен с тояга.

He had learned the truth, and he never forgot that lesson.

Той беше научил истината и никога не забрави този урок.

That weapon was the beginning of law in Buck's new world.

Това оръжие беше началото на закона в новия свят на Бък.

It was the start of a harsh, primitive order he could not deny.

Това беше началото на един суров, примитивен ред, който той не можеше да отрече.

He accepted the truth; his wild instincts were now awake.

Той прие истината; дивите му инстинкти сега бяха будни.

The world had grown harsher, but Buck faced it bravely.

Светът беше станал по-суров, но Бък смело се изправи срещу него.

He met life with new caution, cunning, and quiet strength.

Той посрещна живота с нова предпазливост, хитрост и тиха сила.

More dogs arrived, tied in ropes or crates like Buck had been.

Пристигнаха още кучета, вързани с въжета или сандъци, както беше Бък.

Some dogs came calmly, others raged and fought like wild beasts.

Някои кучета идваха спокойно, други беснееха и се бореха като диви зверове.

All of them were brought under the rule of the red-sweatered man.

Всички те бяха подчинени на властта на мъжа с червения пуловер.

Each time, Buck watched and saw the same lesson unfold.

Всеки път Бък наблюдаваше и виждаше как се разгръща един и същ урок.

The man with the club was law; a master to be obeyed.

Мъжът с тоягата беше закон; господар, на когото трябва да се подчинява.

He did not need to be liked, but he had to be obeyed.

Нямаше нужда да бъде харесван, но трябваше да му се подчиняват.

Buck never fawned or wagged like the weaker dogs did.

Бък никога не се подмазваше, нито махаше с ръце, както правеха по-слабите кучета.

He saw dogs that were beaten and still licked the man's hand.

Той видя кучета, които бяха бити, и въпреки това облизваха ръката на мъжа.

He saw one dog who would not obey or submit at all.

Той видя едно куче, което изобщо не се подчиняваше, нито пък се покоряваше.

That dog fought until he was killed in the battle for control.

Това куче се бори, докато не беше убито в битката за контрол.

Strangers would sometimes come to see the red-sweatered man.

Понякога непознати идваха да видят мъжа с червен пуловер.

They spoke in strange tones, pleading, bargaining, and laughing.

Те говореха със странен тон, умоляваха, пазаряха се и се смееха.

When money was exchanged, they left with one or more dogs.

Когато се разменяха пари, те си тръгваха с едно или повече кучета.

Buck wondered where these dogs went, for none ever returned.

Бък се зачуди къде са отишли тези кучета, защото никое никога не се е връщало.

fear of the unknown filled Buck every time a strange man came

Страхът от неизвестното изпълваше Бък всеки път, когато се появяваше непознат мъж.

he was glad each time another dog was taken, rather than himself.

Той се радваше всеки път, когато отвличаха друго куче, а не него самия.

But finally, Buck's turn came with the arrival of a strange man.

Но най-накрая дойде ред на Бък с появата на един странен мъж.

He was small, wiry, and spoke in broken English and curses.

Той беше дребен, жилав и говореше на развален английски и ругаеше.

"Sacredam!" he yelled when he laid eyes on Buck's frame.

„Сакредам!" извика той, когато зърна тялото на Бък.

"That's one damn bully dog! Eh? How much?" he asked aloud.

„Това е едно проклето куче-таксист! А? Колко?" попита той на глас.

"Three hundred, and he's a present at that price,"

„Триста, а на тази цена е подарък."

"Since it's government money, you shouldn't complain, Perrault."

„Тъй като това са държавни пари, не бива да се оплакваш, Перо."

Perrault grinned at the deal he had just made with the man.

Перо се ухили на сделката, която току-що беше сключил с мъжа.

The price of dogs had soared due to the sudden demand.

Цената на кучетата се беше покачила рязко поради внезапното търсене.

Three hundred dollars wasn't unfair for such a fine beast.

Триста долара не бяха несправедливи за такъв хубав звяр.

The Canadian Government would not lose anything in the deal

Канадското правителство няма да загуби нищо от сделката

Nor would their official dispatches be delayed in transit.

Нито пък официалните им пратки биха се забавили при транспортиране.

Perrault knew dogs well, and could see Buck was something rare.

Перо познаваше добре кучетата и можеше да види, че Бък е нещо рядко срещано.

"One in ten ten-thousand," he thought, as he studied Buck's build.

„Едно на десет десет хиляди", помисли си той, докато изучаваше телосложението на Бък.

Buck saw the money change hands, but showed no surprise.

Бък видя как парите сменят собственика си, но не показа изненада.

Soon he and Curly, a gentle Newfoundland, were led away.

Скоро той и Кърли, кротък нюфаундленд, бяха отведени.

They followed the little man from the red sweater's yard.

Те последваха дребния мъж от двора на червения пуловер.

That was the last Buck ever saw of the man with the wooden club.

Това беше последният път, когато Бък видя човека с дървената тояга.

From the Narwhal's deck he watched Seattle fade into the distance.

От палубата на „Нарвал" той наблюдаваше как Сиатъл се изгубва в далечината.

It was also the last time he ever saw the warm Southland.

Това беше и последният път, когато видя топлата Южна земя.

Perrault took them below deck, and left them with François.

Перо ги заведе под палубата и ги остави с Франсоа.

François was a black-faced giant with rough, calloused hands.

Франсоа беше чернолик гигант с груби, мазолести ръце.

He was dark and swarthy; a half-breed French-Canadian.

Той беше тъмен и мургав; полукръвен френско-канадец.

To Buck, these men were of a kind he had never seen before.
За Бък тези мъже бяха от вид, каквито никога преди не беше виждал.

He would come to know many such men in the days ahead.
В идните дни щеше да се запознае с много такива мъже.

He did not grow fond of them, but he came to respect them.
Той не ги привлякъл, но започнал да ги уважава.

They were fair and wise, and not easily fooled by any dog.
Те бяха справедливи и мъдри и не се подвеждаха лесно от никое куче.

They judged dogs calmly, and punished only when deserved.
Те съдеха кучетата спокойно и наказваха само когато бяха заслужени.

In the Narwhal's lower deck, Buck and Curly met two dogs.
В долната палуба на „Нарвал" Бък и Кърли срещнали две кучета.

One was a large white dog from far-off, icy Spitzbergen.
Едното беше голямо бяло куче от далечен, леден Шпицберген.

He'd once sailed with a whaler and joined a survey group.
Веднъж беше плавал с китоловен кораб и се беше присъединил към изследователска група.

He was friendly in a sly, underhanded and crafty fashion.
Той беше дружелюбен по хитър, подъл и хитър начин.

At their first meal, he stole a piece of meat from Buck's pan.
На първото им хранене той открадна парче месо от тигана на Бък.

Buck jumped to punish him, but François's whip struck first.
Бък скочи да го накаже, но камшикът на Франсоа го удари пръв.

The white thief yelped, and Buck reclaimed the stolen bone.
Белият крадец извика и Бък си взе обратно открадната кост.

That fairness impressed Buck, and François earned his respect.

Тази справедливост впечатли Бък и Франсоа спечели
уважението му.

The other dog gave no greeting, and wanted none in return.
Другото куче не поздрави и не поиска поздрав в замяна.

**He didn't steal food, nor sniff at the new arrivals with
interest.**
Той не крадеше храна, нито пък подушваше с интерес
новодошлите.

This dog was grim and quiet, gloomy and slow-moving.
Това куче беше мрачно и тихо, мрачно и бавно движещо
се.

He warned Curly to stay away by simply glaring at her.
Той предупреди Кърли да стои настрана, като просто я
изгледа свирепо.

His message was clear; leave me alone or there'll be trouble.
Посланието му беше ясно: оставете ме на мира или ще
има проблеми.

He was called Dave, and he barely noticed his surroundings.
Казваше се Дейв и едва забелязваше обкръжението си.

He slept often, ate quietly, and yawned now and again.
Той спеше често, ядеше тихо и се прозяваше от време на
време.

**The ship hummed constantly with the beating propeller
below.**
Корабът бръмчеше непрекъснато, а витлото биеше
отдолу.

Days passed with little change, but the weather got colder.
Дните минаваха с малка промяна, но времето ставаше по-
студено.

**Buck could feel it in his bones, and noticed the others did
too.**
Бък го усещаше в костите си и забеляза, че и другите го
усещат.

Then one morning, the propeller stopped and all was still.
Тогава една сутрин витлото спря и всичко замлъкна.

An energy swept through the ship; something had changed.

Енергия премина през кораба; нещо се беше променило.

François came down, clipped them on leashes, and brought them up.

Франсоа слезе долу, завърза ги на каишки и ги изведе горе.

Buck stepped out and found the ground soft, white, and cold.

Бък излезе и откри, че земята е мека, бяла и студена.

He jumped back in alarm and snorted in total confusion.

Той отскочи назад разтревожен и изсумтя напълно объркано.

Strange white stuff was falling from the gray sky.

Странни бели неща падаха от сивото небе.

He shook himself, but the white flakes kept landing on him.

Той се разтърси, но белите слюнки продължаваха да кацат върху него.

He sniffed the white stuff carefully and licked at a few icy bits.

Той внимателно подуши бялото вещество и облиза няколко ледени парченца.

The powder burned like fire, then vanished right off his tongue.

Прахът гореше като огън, след което изчезна от езика му.

Buck tried again, puzzled by the odd vanishing coldness.

Бък опита отново, озадачен от странната изчезваща студенина.

The men around him laughed, and Buck felt embarrassed.

Мъжете около него се засмяха и Бък се почувства неудобно.

He didn't know why, but he was ashamed of his reaction.

Не знаеше защо, но се срамуваше от реакцията си.

It was his first experience with snow, and it confused him.

Това беше първият му опит със сняг и това го обърка.

The Law of Club and Fang
Законът на палицата и зъба

Buck's first day on the Dyea beach felt like a terrible nightmare.

Първият ден на Бък на плажа Дайя се стори като ужасен кошмар.

Each hour brought new shocks and unexpected changes for Buck.

Всеки час носеше нови шокове и неочаквани промени за Бък.

He had been pulled from civilization and thrown into wild chaos.

Той беше изтръгнат от цивилизацията и хвърлен в див хаос.

This was no sunny, lazy life with boredom and rest.

Това не беше слънчев, мързелив живот със скука и почивка.

There was no peace, no rest, and no moment without danger.

Нямаше мир, нямаше почивка и нямаше миг без опасност.

Confusion ruled everything, and danger was always close.

Объркването цареше навсякъде, а опасността винаги беше наблизо.

Buck had to stay alert because these men and dogs were different.

Бък трябваше да бъде нащрек, защото тези мъже и кучета бяха различни.

They were not from towns; they were wild and without mercy.

Те не бяха от градове; бяха диви и безмилостни.

These men and dogs only knew the law of club and fang.

Тези мъже и кучета познаваха само закона на тоягата и зъба.

Buck had never seen dogs fight like these savage huskies.

Бък никога не беше виждал кучета да се бият така, както тези свирепи хъскита.

His first experience taught him a lesson he would never forget.

Първото му преживяване го научи на урок, който никога нямаше да забрави.

He was lucky it was not him, or he would have died too.

Имаше късмет, че не беше той, иначе и той щеше да умре.

Curly was the one who suffered while Buck watched and learned.

Кърли беше този, който страдаше, докато Бък наблюдаваше и се учеше.

They had made camp near a store built from logs.

Бяха направили лагер близо до магазин, построен от трупи.

Curly tried to be friendly to a large, wolf-like husky.

Кърли се опита да бъде приятелски настроен към голямо, подобно на вълк хъски.

The husky was smaller than Curly, but looked wild and mean.

Хъскито беше по-малко от Кърли, но изглеждаше диво и злобно.

Without warning, he jumped and slashed her face open.

Без предупреждение той скочи и разпори лицето ѝ.

His teeth cut from her eye down to her jaw in one move.

Зъбите му се прорязаха от окото ѝ до челюстта ѝ с едно движение.

This was how wolves fought—hit fast and jump away.

Ето как се биеха вълците - удряха бързо и отскачаха.

But there was more to learn than from that one attack.

Но имаше още много неща за поука освен от тази единствена атака.

Dozens of huskies rushed in and made a silent circle.

Десетки хъскита се втурнаха и направиха безшумен кръг.

They watched closely and licked their lips with hunger.

Те наблюдаваха внимателно и облизваха устни от глад.

Buck didn't understand their silence or their eager eyes.

Бък не разбираше нито мълчанието им, нито нетърпеливите им очи.

Curly rushed to attack the husky a second time.

Кърли се втурна да атакува хъскито за втори път.

He used his chest to knock her over with a strong move.

Той използва гърдите си, за да я събори със силно движение.

She fell on her side and could not get back up.

Тя падна настрани и не можа да се изправи отново.

That was what the others had been waiting for all along.

Това беше, което останалите чакаха през цялото време.

The huskies jumped on her, yelping and snarling in a frenzy.

Хъскитата скочиха върху нея, виейки и ръмжейки бясно.

She screamed as they buried her under a pile of dogs.

Тя крещеше, докато я заравяха под купчина кучета.

The attack was so fast that Buck froze in place with shock.

Атаката беше толкова бърза, че Бък замръзна на място от шок.

He saw Spitz stick out his tongue in a way that looked like a laugh.

Той видя как Шпиц показа език по начин, който приличаше на смях.

François grabbed an axe and ran straight into the group of dogs.

Франсоа грабна брадва и се втурна право в групата кучета.

Three other men used clubs to help beat the huskies away.

Трима други мъже използваха тояги, за да помогнат на хъскитата да прогонят.

In just two minutes, the fight was over and the dogs were gone.

Само за две минути битката приключи и кучетата ги нямаше.

Curly lay dead in the red, trampled snow, her body torn apart.

Кърли лежеше мъртва в червения, утъпкан сняг, тялото й беше разкъсано на парчета.

A dark-skinned man stood over her, cursing the brutal scene.

Тъмнокож мъж стоеше над нея и проклинаше жестоката сцена.

The memory stayed with Buck and haunted his dreams at night.

Споменът остана с Бък и го преследваше в сънищата през нощта.

That was the way here; no fairness, no second chance.

Така беше тук; без справедливост, без втори шанс.

Once a dog fell, the others would kill without mercy.

Щом куче паднеше, останалите го убиваха безмилостно.

Buck decided then that he would never allow himself to fall.

Тогава Бък реши, че никога няма да си позволи да падне.

Spitz stuck out his tongue again and laughed at the blood.

Шпиц отново показа език и се засмя на кръвта.

From that moment on, Buck hated Spitz with all his heart.

От този момент нататък Бък намрази Шпиц с цялото си сърце.

Before Buck could recover from Curly's death, something new happened.

Преди Бък да успее да се възстанови от смъртта на Кърли, се случи нещо ново.

François came over and strapped something around Buck's body.

Франсоа се приближи и завърза нещо около тялото на Бък.

It was a harness like the ones used on horses at the ranch.

Беше сбруя, подобна на тези, използвани за конете в ранчото.

As Buck had seen horses work, now he was made to work too.

Както Бък беше виждал конете да работят, сега и той беше принуден да работи.

He had to pull François on a sled into the forest nearby.

Трябваше да закара Франсоа с шейна в близката гора.

Then he had to pull back a load of heavy firewood.

След това трябваше да издърпа назад товар от тежки дърва за огрев.

Buck was proud, so it hurt him to be treated like a work animal.

Бък беше горд, затова го болеше, че се отнасят с него като с работно животно.

But he was wise and didn't try to fight the new situation.

Но той беше мъдър и не се опита да се бори с новата ситуация.

He accepted his new life and gave his best in every task.

Той прие новия си живот и даде най-доброто от себе си във всяка задача.

Everything about the work was strange and unfamiliar to him.

Всичко в работата му беше странно и непознато.

François was strict and demanded obedience without delay.

Франсоа беше строг и изискваше подчинение без забавяне.

His whip made sure that every command was followed at once.

Камшикът му се грижеше всяка команда да се изпълнява едновременно.

Dave was the wheeler, the dog nearest the sled behind Buck.

Дейв беше кучето, което седеше най-близо до шейната зад Бък.

Dave bit Buck on the back legs if he made a mistake.

Дейв хапеше Бък по задните крака, ако той правеше грешка.

Spitz was the lead dog, skilled and experienced in the role.

Шпиц беше водещото куче, умело и опитно в ролята.

Spitz could not reach Buck easily, but still corrected him.

Шпиц не можа лесно да достигне до Бък, но все пак го поправи.

He growled harshly or pulled the sled in ways that taught Buck.

Той ръмжеше грубо или дърпаше шейната по начин, който поучи Бък.

Under this training, Buck learned faster than any of them expected.

С това обучение Бък се учеше по-бързо, отколкото който и да е от тях очакваше.

He worked hard and learned from both François and the other dogs.

Той работеше усилено и се учеше както от Франсоа, така и от другите кучета.

By the time they returned, Buck already knew the key commands.

Когато се върнаха, Бък вече знаеше основните команди.

He learned to stop at the sound of "ho" from François.

Той се научи да спира при звука на „хо" от Франсоа.

He learned when he had to pull the sled and run.

Той научи кога трябва да тегли шейната и да бяга.

He learned to turn wide at bends in the trail without trouble.

Той се научи да завива широко на завоите по пътеката без проблем.

He also learned to avoid Dave when the sled went downhill fast.

Той също така се научи да избягва Дейв, когато шейната се спускаше бързо надолу.

"They're very good dogs," François proudly told Perrault.

„Те са много добри кучета", гордо каза Франсоа на Перо.

"That Buck pulls like hell—I teach him quick as anything."

„Този Бък дърпа страхотно — уча го най-бързо."

Later that day, Perrault came back with two more husky dogs.

По-късно същия ден Перо се върна с още две хъскита.

Their names were Billee and Joe, and they were brothers.

Казваха се Били и Джо и бяха братя.

They came from the same mother, but were not alike at all.

Те произлизаха от една и съща майка, но изобщо не си приличаха.

Billee was sweet-natured and too friendly with everyone.

Били беше мила и прекалено дружелюбна с всички.

Joe was the opposite—quiet, angry, and always snarling.
Джо беше точно обратното - тих, ядосан и винаги ръмжещ.

Buck greeted them in a friendly way and was calm with both.
Бък ги поздрави приятелски и беше спокоен и с двамата.

Dave paid no attention to them and stayed silent as usual.
Дейв не им обърна внимание и мълчеше както обикновено.

Spitz attacked first Billee, then Joe, to show his dominance.
Шпиц атакува първо Били, а после Джо, за да покаже господството си.

Billee wagged his tail and tried to be friendly to Spitz.
Били махаше с опашка и се опитваше да бъде приятелски настроен към Шпиц.

When that didn't work, he tried to run away instead.
Когато това не се получи, той се опита да избяга.

He cried sadly when Spitz bit him hard on the side.
Той се разплака тъжно, когато Шпиц го ухапа силно отстрани.

But Joe was very different and refused to be bullied.
Но Джо беше много различен и отказа да бъде тормозен.

Every time Spitz came near, Joe spun to face him fast.
Всеки път, когато Шпиц се приближаваше, Джо се обръщаше бързо към него.

His fur bristled, his lips curled, and his teeth snapped wildly.
Козината му настръхна, устните му се извиха, а зъбите му щракаха диво.

Joe's eyes gleamed with fear and rage, daring Spitz to strike.
Очите на Джо блестяха от страх и ярост, предизвиквайки Шпиц да удари.

Spitz gave up the fight and turned away, humiliated and angry.
Шпиц се отказа от битката и се обърна, унижен и ядосан.

He took out his frustration on poor Billee and chased him away.

Той изля ядосанието си върху горкия Били и го прогони.

That evening, Perrault added one more dog to the team.

Същата вечер Перо добави още едно куче към отбора.

This dog was old, lean, and covered in battle scars.

Това куче беше старо, слабо и покрито с бойни белези.

One of his eyes was missing, but the other flashed with power.

Едното му око липсваше, но другото светеше мощно.

The new dog's name was Solleks, which meant the Angry One.

Новото куче се казвало Солекс, което означавало Гневният.

Like Dave, Solleks asked nothing from others, and gave nothing back.

Подобно на Дейв, Солекс не искаше нищо от другите и не даваше нищо в замяна.

When Solleks walked slowly into camp, even Spitz stayed away.

Когато Солекс бавно влезе в лагера, дори Шпиц остана настрана.

He had a strange habit that Buck was unlucky to discover.

Той имаше странен навик, който Бък за нещастието не успя да открие.

Solleks hated being approached on the side where he was blind.

Солекс мразеше да го приближават от страната, където е сляп.

Buck did not know this and made that mistake by accident.

Бък не знаеше това и направи тази грешка случайно.

Solleks spun around and slashed Buck's shoulder deep and fast.

Солекс се завъртя и замахна дълбоко и бързо по рамото на Бък.

From that moment on, Buck never came near Solleks' blind side.

От този момент нататък Бък никога не се приближаваше до сляпата страна на Солекс.

They never had trouble again for the rest of their time together.

Те никога повече не са имали проблеми до края на времето, което са били заедно.

Solleks wanted only to be left alone, like quiet Dave.

Солекс искаше само да бъде оставен на мира, като тихия Дейв.

But Buck would later learn they each had another secret goal.

Но по-късно Бък щеше да научи, че всеки от тях има друга тайна цел.

That night Buck faced a new and troubling challenge — how to sleep.

Същата нощ Бък се изправи пред ново и обезпокоително предизвикателство – как да спи.

The tent glowed warmly with candlelight in the snowy field.

Палатката светеше топло от светлината на свещи в заснеженото поле.

Buck walked inside, thinking he could rest there like before.

Бък влезе вътре, мислейки си, че може да си почине там както преди.

But Perrault and François yelled at him and threw pans.

Но Перо и Франсоа му се развикаха и хвърляха тигани.

Shocked and confused, Buck ran out into the freezing cold.

Шокиран и объркан, Бък изтича навън в ледения студ.

A bitter wind stung his wounded shoulder and froze his paws.

Силен вятър жилеше раненото му рамо и измръзваше лапите му.

He lay down in the snow and tried to sleep out in the open.

Той легна в снега и се опита да спи на открито.

But the cold soon forced him to get back up, shaking badly.

Но студът скоро го принуди да се изправи отново, треперейки силно.

He wandered through the camp, trying to find a warmer spot.

Той се скиташе из лагера, опитвайки се да намери по-топло място.

But every corner was just as cold as the one before.

Но всеки ъгъл беше също толкова студен, колкото и предишния.

Sometimes savage dogs jumped at him from the darkness.

Понякога свирепи кучета скачаха върху него от тъмнината.

Buck bristled his fur, bared his teeth, and snarled with warning.

Бък настръхна, оголи зъби и изръмжа предупредително.

He was learning fast, and the other dogs backed off quickly.

Той се учеше бързо и другите кучета бързо се отдръпваха.

Still, he had no place to sleep, and no idea what to do.

Въпреки това, той нямаше къде да спи и нямаше представа какво да прави.

At last, a thought came to him—check on his team-mates.

Накрая му хрумна една мисъл — да провери съотборниците си.

He returned to their area and was surprised to find them gone.

Той се върнал в техния район и бил изненадан, че ги няма.

Again he searched the camp, but still could not find them.

Той отново претърси лагера, но пак не можа да ги намери.

He knew they could not be in the tent, or he would be too.

Знаеше, че не могат да бъдат в палатката, иначе и той щеше да е.

So where had all the dogs gone in this frozen camp?

И така, къде бяха отишли всички кучета в този замръзнал лагер?

Buck, cold and miserable, slowly circled around the tent.

Бък, премръзнал и нещастен, бавно обикаляше около палатката.

Suddenly, his front legs sank into soft snow and startled him.

Внезапно предните му крака потънаха в мекия сняг и го стреснаха.

Something wriggled under his feet, and he jumped back in fear.

Нещо се изви под краката му и той отскочи назад от страх.

He growled and snarled, not knowing what lay beneath the snow.

Той ръмжеше и изръмжаваше, без да знае какво се крие под снега.

Then he heard a friendly little bark that eased his fear.

Тогава чу приятелски тих лай, който облекчи страха му.

He sniffed the air and came closer to see what was hidden.

Той подуши въздуха и се приближи, за да види какво е скрито.

Under the snow, curled into a warm ball, was little Billee.

Под снега, свита на топла топка, лежеше малката Били.

Billee wagged his tail and licked Buck's face to greet him.

Били размаха опашка и облиза лицето на Бък, за да го поздрави.

Buck saw how Billee had made a sleeping place in the snow.

Бък видя как Били си беше направила място за спане в снега.

He had dug down and used his own heat to stay warm.

Той се беше изкопал и използваше собствената си топлина, за да се стопли.

Buck had learned another lesson—this was how the dogs slept.

Бък беше научил още един урок — ето как спят кучетата.

He picked a spot and started digging his own hole in the snow.

Той избра място и започна да копае собствена дупка в снега.

At first, he moved around too much and wasted energy.

В началото се движеше твърде много и пилееше енергия.

But soon his body warmed the space, and he felt safe.

Но скоро тялото му стопли пространството и той се почувства в безопасност.

He curled up tightly, and before long he was fast asleep.

Той се сви плътно на кълбо и не след дълго заспа дълбоко.

The day had been long and hard, and Buck was exhausted.

Денят беше дълъг и тежък, а Бък беше изтощен.

He slept deeply and comfortably, though his dreams were wild.

Той спеше дълбоко и удобно, макар че сънищата му бяха необуздани.

He growled and barked in his sleep, twisting as he dreamed.

Той ръмжеше и лаеше насън, въртейки се, докато сънуваше.

Buck didn't wake up until the camp was already coming to life.

Бък не се събуди, докато лагерът вече не се оживи.

At first, he didn't know where he was or what had happened.

В началото не знаеше къде е или какво се е случило.

Snow had fallen overnight and completely buried his body.

През нощта падна сняг и тялото му беше напълно затрупано.

The snow pressed in around him, tight on all sides.

Снегът го притискаше, плътно от всички страни.

Suddenly a wave of fear rushed through Buck's entire body.

Изведнъж вълна от страх премина през цялото тяло на Бък.

It was the fear of being trapped, a fear from deep instincts.

Това беше страхът да не бъдат в капан, страх, произтичащ от дълбоки инстинкти.

Though he had never seen a trap, the fear lived inside him.

Въпреки че никога не беше виждал капан, страхът живееше вътре в него.

He was a tame dog, but now his old wild instincts were waking.

Той беше кротко куче, но сега старите му диви инстинкти се пробуждаха.

Buck's muscles tensed, and his fur stood up all over his back.

Мускулите на Бък се стегнаха и козината му настръхна по целия гръб.

He snarled fiercely and sprang straight up through the snow.

Той изръмжа свирепо и скочи право нагоре през снега.

Snow flew in every direction as he burst into the daylight.

Сняг летеше във всички посоки, когато той изскочи на дневна светлина.

Even before landing, Buck saw the camp spread out before him.

Още преди да кацне, Бък видя лагера, разпростиращ се пред него.

He remembered everything from the day before, all at once.

Той си спомни всичко от предния ден, наведнъж.

He remembered strolling with Manuel and ending up in this place.

Той си спомни как се разхождаше с Мануел и как се озова на това място.

He remembered digging the hole and falling asleep in the cold.

Той си спомни как изкопа дупката и заспи в студа.

Now he was awake, and the wild world around him was clear.

Сега беше буден и дивият свят около него беше ясен.

A shout from François hailed Buck's sudden appearance.

Вик от Франсоа приветства внезапната поява на Бък.

"What did I say?" the dog-driver cried loudly to Perrault.

— Какво казах? — извика високо кучетоводът на Перо.

"That Buck for sure learns quick as anything," François added.

„Този Бък със сигурност се учи бързо от всичко", добави Франсоа.

Perrault nodded gravely, clearly pleased with the result.

Перо кимна сериозно, очевидно доволен от резултата.

As a courier for the Canadian Government, he carried dispatches.

Като куриер на канадското правителство, той носеше пратки.

He was eager to find the best dogs for his important mission.

Той беше нетърпелив да намери най-добрите кучета за важната си мисия.

He felt especially pleased now that Buck was part of the team.

Той се чувстваше особено доволен сега, когато Бък беше част от екипа.

Three more huskies were added to the team within an hour.

В рамките на един час към отбора бяха добавени още три хъскита.

That brought the total number of dogs on the team to nine.

Това доведе общия брой на кучетата в екипа до девет.

Within fifteen minutes all the dogs were in their harnesses.

В рамките на петнадесет минути всички кучета бяха с хамути.

The sled team was swinging up the trail toward Dyea Cañon.

Впрягът с шейни се изкачваше по пътеката към каньона Дайя.

Buck felt glad to be leaving, even if the work ahead was hard.

Бък се радваше, че си тръгва, дори и работата да беше трудна.

He found he did not particularly despise the labor or the cold.

Той откри, че не презира особено труда или студа.

He was surprised by the eagerness that filled the whole team.

Той беше изненадан от нетърпението, което изпълваше целия екип.

Even more surprising was the change that had come over Dave and Solleks.

Още по-изненадваща беше промяната, която настъпи с Дейв и Солекс.

These two dogs were entirely different when they were harnessed.

Тези две кучета бяха напълно различни, когато бяха впрегнати.

Their passiveness and lack of concern had completely disappeared.

Тяхната пасивност и липса на загриженост бяха напълно изчезнали.

They were alert and active, and eager to do their work well.

Те бяха бдителни, активни и нетърпеливи да си вършат добре работата.

They grew fiercely irritated at anything that caused delay or confusion.

Те се дразнеха силно от всичко, което причиняваше забавяне или объркване.

The hard work on the reins was the center of their entire being.

Упоритата работа с юздите беше центърът на цялото им същество.

Sled pulling seemed to be the only thing they truly enjoyed.

Тегленето на шейна изглеждаше единственото нещо, на което наистина се наслаждаваха.

Dave was at the back of the group, closest to the sled itself.

Дейв беше най-отзад в групата, най-близо до самата шейна.

Buck was placed in front of Dave, and Solleks pulled ahead of Buck.

Бък беше поставен пред Дейв, а Солекс изпревари Бък.

The rest of the dogs were strung out ahead in a single file.

Останалите кучета бяха наредени напред в колона по едно.

The lead position at the front was filled by Spitz.

Водещата позиция отпред беше заета от Шпиц.

Buck had been placed between Dave and Solleks for instruction.

Бък беше поставен между Дейв и Солекс за инструкции.

He was a quick learner, and they were firm and capable teachers.

Той учеше бързо, а те бяха твърди и способни учители.

They never allowed Buck to remain in error for long.

Те никога не позволяваха на Бък да остане в грешка за дълго.

They taught their lessons with sharp teeth when needed.

Те преподаваха уроците си с остри зъби, когато беше необходимо.

Dave was fair and showed a quiet, serious kind of wisdom.

Дейв беше справедлив и показваше тиха, сериозна мъдрост.

He never bit Buck without a good reason to do so.

Той никога не хапеше Бък без основателна причина за това.

But he never failed to bite when Buck needed correction.

Но той никога не пропускаше да хапе, когато Бък се нуждаеше от корекция.

François's whip was always ready and backed up their authority.

Камшикът на Франсоа винаги беше готов и подкрепяше авторитета им.

Buck soon found it was better to obey than to fight back.

Бък скоро откри, че е по-добре да се подчинява, отколкото да се съпротивлява.

Once, during a short rest, Buck got tangled in the reins.

Веднъж, по време на кратка почивка, Бък се оплел в юздите.

He delayed the start and confused the team's movement.

Той забави старта и обърка движението на отбора.

Dave and Solleks flew at him and gave him a rough beating.

Дейв и Солекс се нахвърлиха върху него и го набиха жестоко.

The tangle only got worse, but Buck learned his lesson well.

Заплетеницата само се влоши, но Бък научи добре урока си.

From then on, he kept the reins taut, and worked carefully.

Оттогава нататък той държеше юздите опънати и работеше внимателно.

Before the day ended, Buck had mastered much of his task.

Преди края на деня Бък беше усвоил голяма част от задачата си.

His teammates almost stopped correcting or biting him.

Съотборниците му почти спряха да го поправят или хапят.

François's whip cracked through the air less and less often.

Камшикът на Франсоа пукаше във въздуха все по-рядко.

Perrault even lifted Buck's feet and carefully examined each paw.

Перо дори повдигна краката на Бък и внимателно огледа всяка лапа.

It had been a hard day's run, long and exhausting for them all.

Беше тежък ден на бягане, дълъг и изтощителен за всички тях.

They travelled up the Cañon, through Sheep Camp, and past the Scales.

Те пътуваха нагоре по каньона, през Овчия лагер и покрай Везните.

They crossed the timber line, then glaciers and snowdrifts many feet deep.

Те прекосиха границата на гората, после ледници и снежни преспи, дълбоки много фута.

They climbed the great cold and forbidding Chilkoot Divide.

Те изкачиха големия студен и застрашаващ Чилкут Дивейд.

That high ridge stood between salt water and the frozen interior.

Този висок хребет се извисяваше между солената вода и замръзналата вътрешност.

The mountains guarded the sad and lonely North with ice and steep climbs.

Планините пазели тъжния и самотен Север с лед и стръмни изкачвания.

They made good time down a long chain of lakes below the divide.

Те се спуснаха добре по дълга верига от езера под
вододела.

Those lakes filled the ancient craters of extinct volcanoes.
Тези езера са запълвали древните кратери на изгаснали
вулкани.

Late that night, they reached a large camp at Lake Bennett.
Късно същата нощ те стигнаха до голям лагер на езерото
Бенет.

**Thousands of gold seekers were there, building boats for
spring.**
Хиляди златотърсачи бяха там, строяха лодки за пролетта.

The ice was going break up soon, and they had to be ready.
Ледът скоро щеше да се разтопи и те трябваше да бъдат
готови.

Buck dug his hole in the snow and fell into a deep sleep.
Бък изкопа дупката си в снега и заспа дълбоко.

**He slept like a working man, exhausted from the harsh day
of toil.**
Той спеше като работещ човек, изтощен от тежкия ден на
труда.

But too early in the darkness, he was dragged from sleep.
Но твърде рано в тъмнината той беше изтръгнат от съня.

**He was harnessed with his mates again and attached to the
sled.**
Той отново беше впрегнат заедно с приятелите си и
прикрепен към шейната.

**That day they made forty miles, because the snow was well
trodden.**
Този ден изминаха четиридесет мили, защото снегът беше
добре утъпкан.

The next day, and for many days after, the snow was soft.
На следващия ден, както и в продължение на много дни
след това, снегът беше мек.

**They had to make the path themselves, working harder and
moving slower.**
Трябваше сами да си проправят пътеката, работейки по-
усърдно и движейки се по-бавно.

Usually, Perrault walked ahead of the team with webbed snowshoes.

Обикновено Перо̀ вървеше пред впряга със снегоходки с ципести ...

His steps packed the snow, making it easier for the sled to move.

Стъпките му утъпкваха снега, улеснявайки движението на шейната.

François, who steered from the gee-pole, sometimes took over.

Франсоа, който управляваше от кормилния прът, понякога поемаше управлението.

But it was rare that François took the lead

Но рядко се случваше Франсоа да поема водеща роля

because Perrault was in a rush to deliver the letters and parcels.

защото Перо бързал да достави писмата и пакетите.

Perrault was proud of his knowledge of snow, and especially ice.

Перо се гордееше с познанията си за снега, и особено за леда.

That knowledge was essential, because fall ice was dangerously thin.

Това знание беше от съществено значение, защото есенният лед беше опасно тънък.

Where water flowed fast beneath the surface, there was no ice at all.

Там, където водата течеше бързо под повърхността, изобщо нямаше лед.

Day after day, the same routine repeated without end.

Ден след ден, една и съща рутина се повтаряше безкрайно.

Buck toiled endlessly in the reins from dawn until night.

Бък се трудеше безкрайно с юздите от зори до вечер.

They left camp in the dark, long before the sun had risen.

Те напуснаха лагера по тъмно, много преди слънцето да е изгряло.

By the time daylight came, many miles were already behind them.

Когато се съмна, много километри вече бяха зад гърба им.

They pitched camp after dark, eating fish and burrowing into snow.

Те разпънаха лагера си след залез слънце, ядяха риба и се заравяха в снега.

Buck was always hungry and never truly satisfied with his ration.

Бък винаги беше гладен и никога не беше истински доволен от дажбата си.

He received a pound and a half of dried salmon each day.

Всеки ден получаваше половин килограм и половина сушена сьомга.

But the food seemed to vanish inside him, leaving hunger behind.

Но храната сякаш изчезна в него, оставяйки след себе си глада.

He suffered from constant pangs of hunger, and dreamed of more food.

Той страдаше от постоянни пристъпи на глад и мечтаеше за още храна.

The other dogs got only one pound of food, but they stayed strong.

Другите кучета получиха само половин килограм храна, но останаха силни.

They were smaller, and had been born into the northern life.

Те бяха по-дребни и бяха родени в северния живот.

He swiftly lost the fastidiousness which had marked his old life.

Той бързо загуби педантичността, която беляза предишния му живот.

He had been a dainty eater, but now that was no longer possible.

Той беше изискан ядец, но сега това вече не беше възможно.

His mates finished first and robbed him of his unfinished ration.

Другарите му свършиха първи и го ограбиха от недоядената му дажба.

Once they began there was no way to defend his food from them.

След като започнаха, нямаше начин да защити храната си от тях.

While he fought off two or three dogs, the others stole the rest.

Докато той се бореше с две или три кучета, останалите откраднаха останалите.

To fix this, he began eating as fast as the others ate.

За да поправи това, той започна да яде толкова бързо, колкото ядяха и останалите.

Hunger pushed him so hard that he even took food not his own.

Гладът го тласкаше толкова силно, че дори взе храна, която не беше негова.

He watched the others and learned quickly from their actions.

Той наблюдаваше останалите и бързо се учеше от действията им.

He saw Pike, a new dog, steal a slice of bacon from Perrault.

Той видя как Пайк, ново куче, открадна резен бекон от Перо.

Pike had waited until Perrault's back was turned to steal the bacon.

Пайк беше изчакал Перо да се обърне с гръб, за да открадне бекона.

The next day, Buck copied Pike and stole the whole chunk.

На следващия ден Бък копира Пайк и открадна цялото парче.

A great uproar followed, but Buck was not suspected.

Последва голяма врява, но Бък не беше заподозрян.

Dub, a clumsy dog who always got caught, was punished instead.

Дъб, тромаво куче, което винаги се хващаше, беше наказан вместо това.

That first theft marked Buck as a dog fit to survive the North.

Тази първа кражба бележи Бък като куче, годно да оцелее на Севера.

He showed he could adapt to new conditions and learn quickly.

Той показа, че може да се адаптира към нови условия и да се учи бързо.

Without such adaptability, he would have died swiftly and badly.

Без такава адаптивност, той щеше да умре бързо и тежко.

It also marked the breakdown of his moral nature and past values.

Това също така бележи разпадането на неговия морален характер и миналите му ценности.

In the Southland, he had lived under the law of love and kindness.

В Южната земя той беше живял под закона на любовта и добротата.

There it made sense to respect property and other dogs' feelings.

Там имаше смисъл да се уважава собствеността и чувствата на другите кучета.

But the Northland followed the law of club and the law of fang.

Но Северната земя следваше закона на тоягата и закона на зъба.

Whoever respected old values here was foolish and would fail.

Който и да е уважавал старите ценности тук, е бил глупав и ще се провали.

Buck did not reason all this out in his mind.

Бък не обмисли всичко това наум.

He was fit, and so he adjusted without needing to think.

Той беше във форма и затова се приспособи, без да е необходимо да мисли.

All his life, he had never run away from a fight.

През целия си живот никога не беше бягал от бой.

But the wooden club of the man in the red sweater changed that rule.

Но дървената тояга на мъжа с червения пуловер промени това правило.

Now he followed a deeper, older code written into his being.

Сега той следваше един по-дълбок, по-древен код, вписан в съществото му.

He did not steal out of pleasure, but from the pain of hunger.

Той не крадеше от удоволствие, а от болката на глада.

He never robbed openly, but stole with cunning and care.

Той никога не е грабил открито, а е крал с хитрост и внимание.

He acted out of respect for the wooden club and fear of the fang.

Той действаше от уважение към дървената тояга и от страх от зъба.

In short, he did what was easier and safer than not doing it.

Накратко, той направи това, което беше по-лесно и по-безопасно, отколкото да не го направи.

His development—or perhaps his return to old instincts— was fast.

Развитието му – или може би завръщането му към старите инстинкти – беше бързо.

His muscles hardened until they felt as strong as iron.

Мускулите му се втвърдиха, докато не се почувстваха здрави като желязо.

He no longer cared about pain, unless it was serious.

Вече не го интересуваше болката, освен ако не беше сериозна.

He became efficient inside and out, wasting nothing at all.

Той стана ефикасен отвътре и отвън, без да губи нищо.

He could eat things that were vile, rotten, or hard to digest.

Той можеше да яде неща, които бяха отвратителни, гнили или трудни за смилане.

Whatever he ate, his stomach used every last bit of value.

Каквото и да ядеше, стомахът му използваше и последната частица ценност.

His blood carried the nutrients far through his powerful body.

Кръвта му разнасяше хранителните вещества надалеч през мощното му тяло.

This built strong tissues that gave him incredible endurance.

Това изгради здрави тъкани, които му дадоха невероятна издръжливост.

His sight and smell became much more sensitive than before.

Зрението и обонянието му станаха много по-чувствителни от преди.

His hearing grew so sharp he could detect faint sounds in sleep.

Слухът му се изостри толкова много, че можеше да долавя слаби звуци дори насън.

He knew in his dreams whether the sounds meant safety or danger.

В сънищата си той знаеше дали звуците означават безопасност или опасност.

He learned to bite the ice between his toes with his teeth.

Той се научи да гризе леда между пръстите на краката си със зъби.

If a water hole froze over, he would break the ice with his legs.

Ако някой воден басейн замръзнеше, той чупеше леда с краката си.

He reared up and struck the ice hard with stiff front limbs.

Той се изправи на задните си крака и удари силно леда с вкочанените си предни крайници.

His most striking ability was predicting wind changes overnight.

Най-поразителната му способност беше да предсказва промените в вятъра през нощта.

Even when the air was still, he chose spots sheltered from wind.

Дори когато въздухът беше неподвижен, той избираше места, защитени от вятъра.

Wherever he dug his nest, the next day's wind passed him by.

Където и да изкопаеше гнездото си, вятърът на следващия ден го подминаваше.

He always ended up snug and protected, to leeward of the breeze.

Той винаги се озоваваше уютно и защитено, подветрено от вятъра.

Buck not only learned by experience—his instincts returned too.

Бък не само се учеше от опита — инстинктите му също се завърнаха.

The habits of domesticated generations began to fall away.

Навиците на опитомените поколения започнаха да изчезват.

In vague ways, he remembered the ancient times of his breed.

По смътни начини той си спомняше древните времена на своята раса.

He thought back to when wild dogs ran in packs through forests.

Той си спомни за времето, когато дивите кучета тичаха на глутници през горите.

They had chased and killed their prey while running it down.

Те бяха преследвали и убивали плячката си, докато я преследваха.

It was easy for Buck to learn how to fight with tooth and speed.

За Бък беше лесно да се научи как да се бие със зъби и скорост.

He used cuts, slashes, and quick snaps just like his ancestors.
Той използваше порязвания, разрези и бързи щраквания точно както неговите предци.
Those ancestors stirred within him and awoke his wild nature.
Тези предци се раздвижиха в него и събудиха дивата му природа.
Their old skills had passed into him through the bloodline.
Старите им умения му бяха предадени по кръвна линия.
Their tricks were his now, with no need for practice or effort.
Триковете им вече бяха негови, без нужда от практика или усилия.

On still, cold nights, Buck lifted his nose and howled.
В тихите, студени нощи Бък вдигаше нос и виеше.
He howled long and deep, the way wolves had done long ago.
Той виеше дълго и дълбоко, както вълците бяха правили преди много време.
Through him, his dead ancestors pointed their noses and howled.
Чрез него мъртвите му предци сочеха носове и виеха.
They howled down through the centuries in his voice and shape.
Те виеха през вековете с неговия глас и форма.
His cadences were theirs, old cries that told of grief and cold.
Неговите ритми бяха техни, стари викове, които разказваха за скръб и студ.
They sang of darkness, of hunger, and the meaning of winter.
Те пяха за тъмнината, за глада и за значението на зимата.
Buck proved of how life is shaped by forces beyond oneself,
Бък доказа как животът се оформя от сили извън самия него.

the ancient song rose through Buck and took hold of his soul.

Древната песен се изпълни с Бък и завладя душата му.

He found himself because men had found gold in the North.

Той се откри, защото мъже бяха намерили злато на север.

And he found himself because Manuel, the gardener's helper, needed money.

И се озова, защото Мануел, помощникът на градинаря, се нуждаеше от пари.

The Dominant Primordial Beast
Доминиращият първичен звяр

The dominant primordial beast was as strong as ever in Buck.

Доминиращият първичен звяр беше по-силен от всякога в Бък.

But the dominant primordial beast had lain dormant in him.

Но доминиращият първичен звяр беше дремел в него.

Trail life was harsh, but it strengthened beast inside Buck.

Животът по пътеките беше суров, но той засилваше зверството в Бък.

Secretly the beast grew stronger and stronger every day.

Тайно звярът ставал все по-силен и по-силен с всеки изминал ден.

But that inner growth stayed hidden to the outside world.

Но този вътрешен растеж остана скрит за външния свят.

A quiet and calm primordial force was building inside Buck.

В Бък се зараждаше тиха и спокойна първична сила.

New cunning gave Buck balance, calm control, and poise.

Новата хитрост даваше на Бък баланс, спокоен контрол и овладяване.

Buck focused hard on adapting, never feeling fully relaxed.

Бък се съсредоточи усилено върху адаптацията, без никога да се чувства напълно отпуснат.

He avoided conflict, never starting fights, nor seeking trouble.

Той избягваше конфликти, никога не започваше кавги, нито търсеше проблеми.

A slow, steady thoughtfulness shaped Buck's every move.

Бавна, постоянна замисленост оформяше всяко движение на Бък.

He avoided rash choices and sudden, reckless decisions.

Той избягваше прибързаните избори и внезапните, безразсъдни решения.

Though Buck hated Spitz deeply, he showed him no aggression.

Въпреки че Бък дълбоко мразеше Шпиц, той не показваше агресия към него.

Buck never provoked Spitz, and kept his actions restrained.

Бък никога не провокираше Шпиц и държеше действията си сдържани.

Spitz, on the other hand, sensed the growing danger in Buck.

Шпиц, от друга страна, усещаше нарастващата опасност у Бък.

He saw Buck as a threat and a serious challenge to his power.

Той виждаше Бък като заплаха и сериозно предизвикателство за властта си.

He used every chance to snarl and show his sharp teeth.

Той използваше всяка възможност да изръмжи и да покаже острите си зъби.

He was trying to start the deadly fight that had to come.

Той се опитваше да започне смъртоносната битка, която трябваше да предстои.

Early in the trip, a fight nearly broke out between them.

В началото на пътуването между тях почти избухна бой.

But an unexpected accident stopped the fight from happening.

Но неочакван инцидент предотврати битката.

That evening they set up camp on the bitterly cold Lake Le Barge.

Същата вечер те разпънаха лагера си на леденостуденото езеро Льо Барж.

The snow was falling hard, and the wind cut like a knife.

Снегът валеше силно, а вятърът режеше като нож.

The night had come too fast, and darkness surrounded them.

Нощта беше настъпила твърде бързо и мракът ги обгръщаше.

They could hardly have chosen a worse place for rest.

Едва ли биха могли да изберат по-лошо място за почивка.

The dogs searched desperately for a place to lie down.

Кучетата отчаяно търсеха място, където да легнат.

A tall rock wall rose steeply behind the small group.

Висока скална стена се издигаше стръмно зад малката група.

The tent had been left behind in Dyea to lighten the load.

Палатката беше оставена в Дайя, за да облекчи товара.

They had no choice but to make the fire on the ice itself.

Те нямаха друг избор, освен да запалят огъня на самия лед.

They spread their sleeping robes directly on the frozen lake.

Те разпростряха спалните си дрехи директно върху замръзналото езеро.

A few sticks of driftwood gave them a little bit of fire.

Няколко пръчки плавей им дадоха малко огън.

But the fire was built on the ice, and thawed through it.

Но огънят беше запален върху леда и се разтопи през него.

Eventually they were eating their supper in darkness.

Накрая вечеряха в тъмното.

Buck curled up beside the rock, sheltered from the cold wind.

Бък се сви до скалата, защитен от студения вятър.

The spot was so warm and safe that Buck hated to move away.

Мястото беше толкова топло и безопасно, че Бък мразеше да се отдалечава.

But François had warmed the fish and was handing out rations.

Но Франсоа беше затоплил рибата и раздаваше дажби.

Buck finished eating quickly, and returned to his bed.

Бък бързо дояде и се върна в леглото си.

But Spitz was now laying where Buck had made his bed.

Но Шпиц сега лежеше там, където Бък беше оправил леглото му.

A low snarl warned Buck that Spitz refused to move.

Тихо ръмжене предупреди Бък, че Шпиц отказва да помръдне.

Until now, Buck had avoided this fight with Spitz.

Досега Бък избягваше тази битка със Шпиц.

But deep inside Buck the beast finally broke loose.

Но дълбоко в Бък звярът най-накрая се освободи.

The theft of his sleeping place was too much to tolerate.

Кражбата на спалното му място беше твърде тежка за толериране.

Buck launched himself at Spitz, full of anger and rage.

Бък се нахвърли върху Шпиц, изпълнен с гняв и ярост.

Up until not Spitz had thought Buck was just a big dog.

Доскоро Шпиц си мислеше, че Бък е просто голямо куче.

He didn't think Buck had survived through his spirit.

Той не вярваше, че Бък е оцелял благодарение на духа си.

He was expecting fear and cowardice, not fury and revenge.

Той очакваше страх и малодушие, а не ярост и отмъщение.

François stared as both dogs burst from the ruined nest.

Франсоа се взираше как и двете кучета изскочиха от разрушеното гнездо.

He understood at once what had started the wild struggle.

Той веднага разбра какво е започнало дивата борба.

"A-a-ah!" François cried out in support of the brown dog.

„А-а!" – извика Франсоа в подкрепа на кафявото куче.

"Give him a beating! By God, punish that sneaky thief!"

„Набий го! За Бога, накажи този хитър крадец!"

Spitz showed equal readiness and wild eagerness to fight.

Шпиц показа еднаква готовност и диво желание за бой.

He cried out in rage while circling fast, seeking an opening.

Той извика от ярост, докато бързо кръжеше в търсене на пролука.

Buck showed the same hunger to fight, and the same caution.

Бък показа същия глад за борба и същата предпазливост.

He circled his opponent as well, trying to gain the upper hand in battle.

Той също обиколи противника си, опитвайки се да вземе надмощие в битката.

Then something unexpected happened and changed everything.

Тогава се случи нещо неочаквано и промени всичко.

That moment delayed the eventual fight for the leadership.
Този момент забави евентуалната борба за лидерство.

Many miles of trail and struggle still waited before the end.
Много километри пътеки и борба все още чакаха преди края.

Perrault shouted an oath as a club smacked against bone.
Перо изруга, когато тояга се стовари върху кост.

A sharp yelp of pain followed, then chaos exploded all around.
Последва остър вик на болка, след което хаос избухна навсякъде.

Dark shapes moved in camp; wild huskies, starved and fierce.
Тъмни силуети се движеха в лагера; диви хъскита, изгладнели и свирепи.

Four or five dozen huskies had sniffed the camp from far away.
Четири или пет дузини хъскита бяха подушили лагера отдалеч.

They had crept in quietly while the two dogs fought nearby.
Те се бяха промъкнали тихо, докато двете кучета се биеха наблизо.

François and Perrault charged, swinging clubs at the invaders.
Франсоа и Перо се нахвърлиха в атака, размахвайки тояги срещу нашествениците.

The starving huskies showed teeth and fought back in frenzy.
Изгладнелите хъскита показаха зъби и се съпротивляваха яростно.

The smell of meat and bread had driven them past all fear.
Миризмата на месо и хляб ги беше прогонила отвъд всякакъв страх.

Perrault beat a dog that had buried its head in the grub-box.
Перо бие куче, което си беше заровило главата в кутията с храна.

The blow hit hard, and the box flipped, food spilling out.

Ударът беше силен, кутията се преобърна и храната се разсипа навън.

In seconds, a score of wild beasts tore into the bread and meat.

За секунди десетки диви зверове разкъсаха хляба и месото.

The men's clubs landed blow after blow, but no dog turned away.

Мъжките стика нанасяха удар след удар, но нито едно куче не се обърна.

They howled in pain, but fought until no food remained.

Те виеха от болка, но се бореха, докато не им остана никаква храна.

Meanwhile, the sled-dogs had jumped from their snowy beds.

Междувременно кучетата за впряг бяха скочили от снежните си легла.

They were instantly attacked by the vicious hungry huskies.

Те бяха незабавно нападнати от свирепите гладни хъскита.

Buck had never seen such wild and starved creatures before.

Бък никога преди не беше виждал толкова диви и гладни същества.

Their skin hung loose, barely hiding their skeletons.

Кожата им висеше отпусната, едва скривайки скелетите им.

There was a fire in their eyes, from hunger and madness

В очите им имаше огън, от глад и лудост

There was no stopping them; no resisting their savage rush.

Нямаше как да ги спрат; нямаше как да се устои на дивашкия им натиск.

The sled-dogs were shoved back, pressed against the cliff wall.

Впрягащите кучета бяха избутани назад, притиснати към стената на скалата.

Three huskies attacked Buck at once, tearing into his flesh.

Три хъскита нападнаха Бък едновременно, разкъсвайки плътта му.

Blood poured from his head and shoulders, where he'd been cut.

Кръв се лееше от главата и раменете му, където беше порязан.

The noise filled the camp; growling, yelps, and cries of pain.

Шумът изпълни лагера; ръмжене, писъци и викове на болка.

Billee cried loudly, as usual, caught in the fray and panic.

Били, както обикновено, извика силно, обзета от суматохата и паниката.

Dave and Solleks stood side by side, bleeding but defiant.

Дейв и Солекс стояха един до друг, кървящи, но непокорни.

Joe fought like a demon, biting anything that came close.

Джо се бореше като демон, хапейки всичко, което се доближеше до него.

He crushed a husky's leg with one brutal snap of his jaws.

Той смачка крака на хъски с едно брутално щракване на челюстите си.

Pike jumped on the wounded husky and broke its neck instantly.

Щука скочи върху раненото хъски и мигновено му счупи врата.

Buck caught a husky by the throat and ripped through the vein.

Бък хвана едно хъски за гърлото и разкъса вената му.

Blood sprayed, and the warm taste drove Buck into a frenzy.

Кръв пръсна, а топлият вкус докара Бък до лудост.

He hurled himself at another attacker without hesitation.

Той се хвърли върху друг нападател без колебание.

At the same moment, sharp teeth dug into Buck's own throat.

В същия момент остри зъби се забиха в гърлото на Бък.

Spitz had struck from the side, attacking without warning.

Шпиц беше ударил отстрани, атакувайки без предупреждение.

Perrault and François had defeated the dogs stealing the food.

Перо и Франсоа бяха победили кучетата, които крадяха храната.

Now they rushed to help their dogs fight back the attackers.

Сега те се втурнаха да помогнат на кучетата си да се преборят с нападателите.

The starving dogs retreated as the men swung their clubs.

Гладните кучета се отдръпнаха, докато мъжете размахваха тоягите си.

Buck broke free from the attack, but the escape was brief.

Бък се измъкна от атаката, но бягството беше кратко.

The men ran to save their dogs, and the huskies swarmed again.

Мъжете хукнаха да спасяват кучетата си, а хъскитата отново се нахвърлиха върху тях.

Billee, frightened into bravery, leapt into the pack of dogs.

Били, уплашен до храброст, скочи в глутницата кучета.

But then he fled across the ice, in raw terror and panic.

Но след това той избяга през леда, обзет от неподправен ужас и паника.

Pike and Dub followed close behind, running for their lives.

Пайк и Дъб ги следваха плътно, бягайки, за да се спасят живота им.

The rest of the team broke and scattered, following after them.

Останалата част от екипа се разпръсна и ги последва.

Buck gathered his strength to run, but then saw a flash.

Бък събра сили да бяга, но тогава видя проблясък.

Spitz lunged at Buck's side, trying to knock him to the ground.

Шпиц се хвърли към Бък, опитвайки се да го събори на земята.

Under that mob of huskies, Buck would have had no escape.

Под тази тълпа хъскита Бък нямаше да има спасение.

But Buck stood firm and braced for the blow from Spitz.

Но Бък стоеше твърдо и се приготви за удара от Шпиц.

Then he turned and ran out onto the ice with the fleeing team.

След това се обърна и изтича на леда с бягащия отбор.

Later, the nine sled-dogs gathered in the shelter of the woods.

По-късно деветте кучета за впряг се събраха в убежището на гората.

No one chased them anymore, but they were battered and wounded.

Никой вече не ги гонеше, но те бяха пребити и ранени.

Each dog had wounds; four or five deep cuts on every body.

Всяко куче имаше рани; четири или пет дълбоки порязвания по тялото на всяко.

Dub had an injured hind leg and struggled to walk now.

Дъб имаше контузен заден крак и сега се мъчеше да ходи.

Dolly, the newest dog from Dyea, had a slashed throat.

Доли, най-новото куче от Дайя, имаше прерязано гърло.

Joe had lost an eye, and Billee's ear was cut to pieces

Джо беше загубил око, а ухото на Били беше отрязано на парчета

All the dogs cried in pain and defeat through the night.

Всички кучета плачеха от болка и поражение през нощта.

At dawn they crept back to camp, sore and broken.

На разсъмване те се промъкнаха обратно в лагера, измъчени и съкрушени.

The huskies had vanished, but the damage had been done.

Хъскитата бяха изчезнали, но щетите бяха нанесени.

Perrault and François stood in foul moods over the ruin.

Перо и Франсоа стояха разстроени над руините.

Half of the food was gone, snatched by the hungry thieves.

Половината храна беше изчезнала, открадната от гладните крадци.

The huskies had torn through sled bindings and canvas.

Хъскитата бяха разкъсали въжетата и платното на шейната.

Anything with a smell of food had been devoured completely.

Всичко, което миришеше на храна, беше погълнато напълно.

They ate a pair of Perrault's moose-hide traveling boots.

Те изядоха чифт пътнически ботуши от лосова кожа на Перо.

They chewed leather reis and ruined straps beyond use.

Те дъвчаха кожени рейси и съсипваха каишките до степен да не се използват.

François stopped staring at the torn lash to check the dogs.

Франсоа спря да се взира в скъсания камшик, за да огледа кучетата.

"Ah, my friends," he said, his voice low and filled with worry.

— Ах, приятели мои — каза той с тих и изпълнен с тревога глас.

"Maybe all these bites will turn you into mad beasts."

„Може би всички тези ухапвания ще ви превърнат в луди зверове."

"Maybe all mad dogs, sacredam! What do you think, Perrault?"

„Може би всички бесни кучета, свещени дяволи! Какво мислиш, Перо?"

Perrault shook his head, eyes dark with concern and fear.

Перо поклати глава, очите му потъмняха от тревога и страх.

Four hundred miles still lay between them and Dawson.

Четиристотин мили все още ги разделяха от Доусън.

Dog madness now could destroy any chance of survival.

Кучешката лудост сега може да унищожи всеки шанс за оцеляване.

They spent two hours swearing and trying to fix the gear.

Те прекараха два часа в ругатни и опити да поправят екипировката.

The wounded team finally left the camp, broken and defeated.

Раненият екип най-накрая напусна лагера, съкрушен и победен.

This was the hardest trail yet, and each step was painful.

Това беше най-трудният път досега и всяка стъпка беше болезнена.

The Thirty Mile River had not frozen, and was rushing wildly.

Река Тридесет миля не беше замръзнала и течеше диво.

Only in calm spots and swirling eddies did ice manage to hold.

Само в спокойни места и вихрушки ледът успяваше да се задържи.

Six days of hard labor passed until the thirty miles were done.

Шест дни тежък труд минаха, докато изминат тридесетте мили.

Each mile of the trail brought danger and the threat of death.

Всяка миля от пътеката носеше опасност и заплаха от смърт.

The men and dogs risked their lives with every painful step.

Мъжете и кучетата рискуваха живота си с всяка болезнена стъпка.

Perrault broke through thin ice bridges a dozen different times.

Перо е пробивал тънки ледени мостове десетина пъти.

He carried a pole and let it fall across the hole his body made.

Той носеше прът и го пусна да падне върху дупката, която тялото му направи.

More than once did that pole save Perrault from drowning.

Неведнъж този прът е спасявал Перо от удавяне.

The cold snap held firm, the air was fifty degrees below zero.

Студеният пристъп се задържа силно, въздухът беше петдесет градуса под нулата.

Every time he fell in, Perrault had to light a fire to survive.

Всеки път, когато падаше, Перо трябваше да пали огън, за да оцелее.

Wet clothing froze fast, so he dried them near blazing heat.

Мокрите дрехи замръзваха бързо, затова ги сушеше близо до палеща жега.

No fear ever touched Perrault, and that made him a courier.

Никакав страх никога не е докосвал Перо и това го е правело куриер.

He was chosen for danger, and he met it with quiet resolve.

Той беше избран за опасност и я посрещна с тиха решителност.

He pressed forward into wind, his shriveled face frostbitten.

Той се напъна напред срещу вятъра, сбръчканото му лице беше измръзнало.

From faint dawn to nightfall, Perrault led them onward.

От слабия зори до падането на здрача Перо ги водеше напред.

He walked on narrow rim ice that cracked with every step.

Той вървеше по тесен леден ръб, който се пукаше с всяка стъпка.

They dared not stop—each pause risked a deadly collapse.

Те не смееха да спрат — всяка пауза рискуваше смъртоносен колапс.

One time the sled broke through, pulling Dave and Buck in.

Веднъж шейната се счупи, издърпвайки Дейв и Бък навътре.

By the time they were dragged free, both were near frozen.

Когато ги измъкнаха, и двамата бяха почти замръзнали.

The men built a fire quickly to keep Buck and Dave alive.

Мъжете бързо запалиха огън, за да запазят Бък и Дейв живи.

The dogs were coated in ice from nose to tail, stiff as carved wood.

Кучетата бяха покрити с лед от носа до опашката, твърди като резбовано дърво.

The men ran them in circles near the fire to thaw their bodies.

Мъжете ги пускаха в кръг близо до огъня, за да размразят телата им.

They came so close to the flames that their fur was singed.

Те се приближиха толкова близо до пламъците, че козината им беше опърлена.

Spitz broke through the ice next, dragging in the team behind him.

Шпиц проби леда, повличайки впряга след себе си.

The break reached all the way up to where Buck was pulling.

Счупването стигаше чак до мястото, където Бък дърпаше.

Buck leaned back hard, paws slipping and trembling on the edge.

Бък се облегна рязко назад, лапите му се хлъзгаха и трепереха по ръба.

Dave also strained backward, just behind Buck on the line.

Дейв също се напрегна назад, точно зад Бък на въжето.

François hauled on the sled, his muscles cracking with effort.

Франсоа теглеше шейната, мускулите му пукаха от усилие.

Another time, rim ice cracked before and behind the sled.

Друг път, ледът по ръба се напука пред и зад шейната.

They had no way out except to climb a frozen cliff wall.

Нямаха друг изход, освен да се изкачат по замръзнала скална стена.

Perrault somehow climbed the wall; a miracle kept him alive.

Перо някак си се изкачи по стената; чудо го опази жив.

François stayed below, praying for the same kind of luck.

Франсоа остана долу и се молеше за същия късмет.

They tied every strap, lashing, and trace into one long rope.

Те завързаха всяка каишка, връзване и конец в едно дълго въже.

The men hauled each dog up, one at a time to the top.

Мъжете издърпаха всяко куче нагоре, едно по едно, до върха.

François climbed last, after the sled and the entire load.

Франсоа се качи последен, след шейната и целия товар.

Then began a long search for a path down from the cliffs.

След това започна дълго търсене на пътека надолу от скалите.

They finally descended using the same rope they had made.

Накрая те слязоха, използвайки същото въже, което бяха направили.

Night fell as they returned to the riverbed, exhausted and sore.

Нощта падна, когато се върнаха към речното корито, изтощени и болни.

They had taken a full day to cover only a quarter of a mile.

Целият ден им беше донесъл само четвърт миля напред.

By the time they reached the Hootalinqua, Buck was worn out.

Когато стигнаха до Хуталинкуа, Бък беше изтощен.

The other dogs suffered just as badly from the trail conditions.

Другите кучета пострадаха също толкова зле от условията на пътеката.

But Perrault needed to recover time, and pushed them on each day.

Но Перо се нуждаеше от възстановяване на времето и ги притискаше всеки ден.

The first day they traveled thirty miles to Big Salmon.

Първия ден пътуваха тридесет мили до Биг Салмон.

The next day they travelled thirty-five miles to Little Salmon.

На следващия ден те пътуваха тридесет и пет мили до Литъл Салмон.

On the third day they pushed through forty long frozen miles.

На третия ден те изминаха четиридесет дълги замръзнали мили.

By then, they were nearing the settlement of Five Fingers.

По това време те вече наближаваха селището Петте пръста.

Buck's feet were softer than the hard feet of native huskies.
Краката на Бък бяха по-меки от твърдите крака на местните хъскита.

His paws had grown tender over many civilized generations.
Лапите му бяха станали крехки през многото цивилизовани поколения.

Long ago, his ancestors had been tamed by river men or hunters.
Преди много време неговите предци бяха опитомени от речни хора или ловци.

Every day Buck limped in pain, walking on raw, aching paws.
Всеки ден Бък куцаше от болка, ходейки по разранени, болезнени лапи.

At camp, Buck dropped like a lifeless form upon the snow.
В лагера Бък се строполи като безжизнено тяло върху снега.

Though starving, Buck did not rise to eat his evening meal.
Въпреки че гладуваше, Бък не стана да вечеря.

François brought Buck his ration, laying fish by his muzzle.
Франсоа донесе дажбата му на Бък, като сложи риба до муцуната му.

Each night the driver rubbed Buck's feet for half an hour.
Всяка вечер шофьорът разтривал краката на Бък по половин час.

François even cut up his own moccasins to make dog footwear.
Франсоа дори нарязал собствените си мокасини, за да си направи обувки за кучета.

Four warm shoes gave Buck a great and welcome relief.
Четири топли обувки донесоха на Бък голямо и желано облекчение.

One morning, François forgot the shoes, and Buck refused to rise.
Една сутрин Франсоа забрави обувките, а Бък отказа да стане.

Buck lay on his back, feet in the air, waving them pitifully.

Бък лежеше по гръб с крака във въздуха и размахваше жално ги.

Even Perrault grinned at the sight of Buck's dramatic plea.

Дори Перо се ухили при вида на драматичната молба на Бък.

Soon Buck's feet grew hard, and the shoes could be discarded.

Скоро краката на Бък се втвърдиха и обувките можеха да бъдат изхвърлени.

At Pelly, during harness time, Dolly let out a dreadful howl.

В Пели, по време на впрягането, Доли издаде ужасен вой.

The cry was long and filled with madness, shaking every dog.

Викът беше дълъг и изпълнен с лудост, разтърсвайки всяко куче.

Each dog bristled in fear without knowing the reason.

Всяко куче настръхна от страх, без да знае причината.

Dolly had gone mad and hurled herself straight at Buck.

Доли беше полудяла и се хвърли право върху Бък.

Buck had never seen madness, but horror filled his heart.

Бък никога не беше виждал лудост, но ужас изпълваше сърцето му.

With no thought, he turned and fled in absolute panic.

Без да се замисля, той се обърна и избяга в абсолютна паника.

Dolly chased him, her eyes wild, saliva flying from her jaws.

Доли го гони, с обезумял поглед, слюнка хвърчаща от челюстите й.

She kept right behind Buck, never gaining and never falling back.

Тя се държеше точно зад Бък, без да го настига, нито пък отстъпваше назад.

Buck ran through woods, down the island, across jagged ice.

Бък тичаше през гората, надолу по острова, през назъбения лед.

He crossed to an island, then another, circling back to the river.

Той прекоси до един остров, после до друг, заобикаляйки обратно към реката.

Still Dolly chased him, her growl close behind at every step.

Доли все още го гонеше, ръмжейки след него на всяка крачка.

Buck could hear her breath and rage, though he dared not look back.

Бък чуваше дъха и яростта й, макар че не смееше да погледне назад.

François shouted from afar, and Buck turned toward the voice.

Франсоа извика отдалеч и Бък се обърна по посока на гласа.

Still gasping for air, Buck ran past, placing all hope in François.

Все още задъхан, Бък протича покрай тях, възлагайки всички надежди на Франсоа.

The dog-driver raised an axe and waited as Buck flew past.

Водачът на кучето вдигна брадва и изчака, докато Бък прелетя покрай него.

The axe came down fast and struck Dolly's head with deadly force.

Брадвата се стовари бързо и удари главата на Доли със смъртоносна сила.

Buck collapsed near the sled, wheezing and unable to move.

Бък се свлече близо до шейната, хриптейки и неспособен да се помръдне.

That moment gave Spitz his chance to strike an exhausted foe.

Този момент даде на Шпиц шанс да удари изтощен враг.

Twice he bit Buck, ripping flesh down to the white bone.

Два пъти ухапа Бък, разкъсвайки плътта му до бялата кост.

François's whip cracked, striking Spitz with full, furious force.

Камшикът на Франсоа изпука и удари Шпиц с пълна, яростна сила.

Buck watched with joy as Spitz received his harshest beating yet.

Бък наблюдаваше с радост как Шпиц получаваше най-жестокия си побой досега.

"He's a devil, that Spitz," Perrault muttered darkly to himself.

„Той е дявол, този Шпиц", промърмори мрачно Перо на себе си.

"Someday soon, that cursed dog will kill Buck—I swear it."

„Някой ден скоро това проклето куче ще убие Бък — кълна се."

"That Buck has two devils in him," François replied with a nod.

— Този Бък има два дявола в себе си — отвърна Франсоа с кимване.

"When I watch Buck, I know something fierce waits in him."

„Когато гледам Бък, знам, че в него чака нещо яростно."

"One day, he'll get mad as fire and tear Spitz to pieces."

„Един ден ще се разяри като огън и ще разкъса Шпиц на парчета."

"He'll chew that dog up and spit him on the frozen snow."

„Ще сдъвче това куче и ще го изплюе върху замръзналия сняг."

"Sure as anything, I know this deep in my bones."

„Разбира се, знам го дълбоко в себе си."

From that moment forward, the two dogs were locked in war.

От този момент нататък двете кучета бяха вперени във война.

Spitz led the team and held power, but Buck challenged that.

Шпиц водеше отбора и държеше властта, но Бък оспори това.

Spitz saw his rank threatened by this odd Southland stranger.

Шпиц видя как този странен непознат от Юга е заплашен за ранга му.

Buck was unlike any southern dog Spitz had known before.

Бък не приличаше на никое южняшко куче, което Шпиц беше познавал преди.

Most of them failed — too weak to live through cold and hunger.

Повечето от тях се провалиха – твърде слаби, за да преживеят студ и глад.

They died fast under labor, frost, and the slow burn of famine.

Те умираха бързо под труда, студа и бавното изгаряне на глада.

Buck stood apart — stronger, smarter, and more savage each day.

Бък се открояваше — по-силен, по-умен и по-свиреп с всеки изминал ден.

He thrived on hardship, growing to match the northern huskies.

Той процъфтяваше в трудностите, израствайки, за да може да се сравни със северните хъскита.

Buck had strength, wild skill, and a patient, deadly instinct.

Бък притежаваше сила, диво умение и търпелив, смъртоносен инстинкт.

The man with the club had beaten rashness out of Buck.

Мъжът с тоягата беше пребил Бък от прибързаност.

Blind fury was gone, replaced by quiet cunning and control.

Сляпата ярост беше изчезнала, заменена от тиха хитрост и контрол.

He waited, calm and primal, watching for the right moment.

Той чакаше, спокоен и първичен, търсейки подходящия момент.

Their fight for command became unavoidable and clear.

Борбата им за командване стана неизбежна и ясна.

Buck desired leadership because his spirit demanded it.

Бък желаеше лидерство, защото духът му го изискваше.

He was driven by the strange pride born of trail and harness.

Той беше воден от странната гордост, родена от пътеката и сбруята.

That pride made dogs pull till they collapsed on the snow.

Тази гордост караше кучетата да дърпат, докато не се срутят в снега.

Pride lured them into giving all the strength they had.

Гордостта ги примамваше да дадат цялата си сила.

Pride can lure a sled-dog even to the point of death.

Гордостта може да примами куче за впряг дори до смърт.

Losing the harness left dogs broken and without purpose.

Загубата на хамута оставяше кучетата съсипани и безцелни.

The heart of a sled-dog can be crushed by shame when they retire.

Сърцето на куче за впряг може да бъде смазано от срам, когато се пенсионира.

Dave lived by that pride as he dragged the sled from behind.

Дейв живееше с тази гордост, докато влачеше шейната отзад.

Solleks, too, gave his all with grim strength and loyalty.

Солекс също се отдаде напълно с мрачна сила и лоялност.

Each morning, pride turned them from bitter to determined.

Всяка сутрин гордостта ги превръщаше от огорчени в решителни.

They pushed all day, then dropped silent at the camp's end.

Те настояваха цял ден, след което замълчаха в края на лагера.

That pride gave Spitz the strength to beat shirkers into line.

Тази гордост даде на Шпиц силата да подреди избягалите.

Spitz feared Buck because Buck carried that same deep pride.

Шпиц се страхуваше от Бък, защото Бък носеше същата дълбока гордост.

Buck's pride now stirred against Spitz, and he did not stop.

Гордостта на Бък сега се надигна срещу Шпиц и той не спря.

Buck defied Spitz's power and blocked him from punishing dogs.

Бък се противопостави на силата на Шпиц и му попречи да наказва кучета.

When others failed, Buck stepped between them and their leader.

Когато другите се проваляха, Бък заставаше между тях и техния лидер.

He did this with intent, making his challenge open and clear.

Той направи това с намерение, отправяйки предизвикателството си открито и ясно.

On one night heavy snow blanketed the world in deep silence.

Една нощ обилен сняг покри света с дълбока тишина.

The next morning, Pike, lazy as ever, did not rise for work.

На следващата сутрин Пайк, мързелив както винаги, не стана за работа.

He stayed hidden in his nest beneath a thick layer of snow.

Той остана скрит в гнездото си под дебел слой сняг.

François called out and searched, but could not find the dog.

Франсоа извика и потърси, но не можа да намери кучето.

Spitz grew furious and stormed through the snow-covered camp.

Шпиц се разяри и нахлу в щурм през покрития със сняг лагер.

He growled and sniffed, digging madly with blazing eyes.

Той изръмжа и подсмърча, ровейки бясно с пламтящи очи.

His rage was so fierce that Pike shook under the snow in fear.

Яростта му беше толкова свирепа, че Пайк се разтресе под снега от страх.

When Pike was finally found, Spitz lunged to punish the hiding dog.

Когато Пайк най-накрая беше намерен, Шпиц се нахвърли, за да накаже скрилото се куче.

But Buck sprang between them with a fury equal to Spitz's own.

Но Бък скочи между тях с ярост, равна на тази на Шпиц.

The attack was so sudden and clever that Spitz fell off his feet.

Атаката беше толкова внезапна и хитра, че Шпиц падна на земята.

Pike, who had been shaking, took courage from this defiance.

Пайк, който трепереше, се осмели от това неподчинение.

He leapt on the fallen Spitz, following Buck's bold example.

Той скочи върху падналия Шпиц, следвайки смелия пример на Бък.

Buck, no longer bound by fairness, joined the strike on Spitz.

Бък, вече не обвързан от принципите на справедливост, се присъедини към стачката срещу Шпиц.

François, amused yet firm in discipline, swung his heavy lash.

Франсоа, развеселен, но твърдо дисциплиниран, замахна с тежкия си камшик.

He struck Buck with all his strength to break up the fight.

Той удари Бък с всичка сила, за да прекрати боя.

Buck refused to move and stayed atop the fallen leader.

Бък отказа да се помръдне и остана върху падналия водач.

François then used the whip's handle, hitting Buck hard.

След това Франсоа използва дръжката на камшика, удряйки силно Бък.

Staggering from the blow, Buck fell back under the assault.

Олюлявайки се от удара, Бък се отдръпна под атаката.

François struck again and again while Spitz punished Pike.

Франсоа удряше отново и отново, докато Шпиц наказваше Пайк.

Days passed, and Dawson City grew nearer and nearer.

Дните минаваха и Доусън Сити ставаше все по-близо и по-близо.

Buck kept interfering, slipping between Spitz and other dogs.

Бък непрекъснато се месеше, промъквайки се между Шпиц и други кучета.

He chose his moments well, always waiting for François to leave.

Той избираше добре моментите си, винаги чакайки Франсоа да си тръгне.

Buck's quiet rebellion spread, and disorder took root in the team.

Тихият бунт на Бък се разпространи и в отбора се настани безредие.

Dave and Solleks stayed loyal, but others grew unruly.

Дейв и Солекс останаха лоялни, но други станаха непокорни.

The team grew worse—restless, quarrelsome, and out of line.

Екипът ставаше все по-неспокоен — неспокоен, свадлив и нередовен.

Nothing worked smoothly anymore, and fights became common.

Нищо вече не работеше гладко и кавгите станаха нещо обичайно.

Buck stayed at the heart of the trouble, always provoking unrest.

Бък остана в центъра на неприятностите, винаги провокирайки вълнения.

François stayed alert, afraid of the fight between Buck and Spitz.

Франсоа остана нащрек, страхувайки се от боя между Бък и Шпиц.

Each night, scuffles woke him, fearing the beginning finally arrived.

Всяка нощ го събуждаха схватки, страхувайки се, че началото най-накрая е настъпило.

He leapt from his robe, ready to break up the fight.

Той скочи от робата си, готов да прекъсне боя.

But the moment never came, and they reached Dawson at last.

Но моментът така и не настъпи и най-накрая стигнаха до Доусън.

The team entered the town one bleak afternoon, tense and quiet.

Екипът влезе в града един мрачен следобед, напрегнат и тих.

The great battle for leadership still hung in the frozen air.

Голямата битка за лидерство все още висеше в замръзналия въздух.

Dawson was full of men and sled-dogs, all busy with work.

Доусън беше пълен с мъже и впряжни кучета, всички заети с работа.

Buck watched the dogs pull loads from morning until night.

Бък наблюдаваше как кучетата теглят товари от сутрин до вечер.

They hauled logs and firewood, freighted supplies to the mines.

Те превозваха трупи и дърва за огрев, превозваха провизии до мините.

Where horses once worked in the Southland, dogs now labored.

Там, където някога в Южната земя работеха коне, сега се трудеха кучета.

Buck saw some dogs from the South, but most were wolf-like huskies.

Бък видя няколко кучета от юг, но повечето бяха хъските, подобни на вълци.

At night, like clockwork, the dogs raised their voices in song.

През нощта, като по часовник, кучетата пееха с повишен глас.

At nine, at midnight, and again at three, the singing began.

В девет, в полунощ и отново в три часа пеенето започна.

Buck loved joining their eerie chant, wild and ancient in sound.

Бък обичаше да се присъединява към зловещото им напев, диво и древно по звук.

The aurora flamed, stars danced, and snow blanketed the land.

Аврората пламтеше, звездите танцуваха, а земята беше покрита с сняг.

The dogs' song rose as a cry against silence and bitter cold.

Песента на кучетата се издигна като вик срещу тишината и лютия студ.

But their howl held sorrow, not defiance, in every long note.

Но воят им съдържаше тъга, а не предизвикателство, във всяка дълга нота.

Each wailing cry was full of pleading; the burden of life itself.

Всеки вой беше изпълнен с молба; бремето на самия живот.

That song was old—older than towns, and older than fires

Тази песен беше стара — по-стара от градовете и по-стара от пожарите

That song was more ancient even than the voices of men.

Тази песен беше по-древна дори от човешките гласове.

It was a song from the young world, when all songs were sad.

Това беше песен от младия свят, когато всички песни бяха тъжни.

The song carried sorrow from countless generations of dogs.

Песента носеше тъга от безброй поколения кучета.

Buck felt the melody deeply, moaning from pain rooted in the ages.

Бък усети мелодията дълбоко, стенейки от болка, вкоренена във вековете.

He sobbed from a grief as old as the wild blood in his veins.

Той ридаеше от мъка, стара като дивата кръв във вените му.

The cold, the dark, and the mystery touched Buck's soul.

Студът, тъмнината и мистерията докоснаха душата на Бък.

That song proved how far Buck had returned to his origins.

Тази песен доказа колко далеч се е върнал Бък към корените си.

Through snow and howling he had found the start of his own life.

През сняг и вой той беше намерил началото на собствения си живот.

Seven days after arriving in Dawson, they set off once again.

Седем дни след пристигането си в Доусън, те отново тръгнаха на път.

The team dropped from the Barracks down to the Yukon Trail.

Екипът се спусна от казармата надолу към пътеката Юкон.

They began the journey back toward Dyea and Salt Water.

Те започнаха пътуването обратно към Дайя и Солт Уотър.

Perrault carried dispatches even more urgent than before.

Перо носеше още по-спешни пратки от преди.

He was also seized by trail pride and aimed to set a record.

Той също беше обзет от гордост по пътеките и се стремеше да постави рекорд.

This time, several advantages were on Perrault's side.

Този път няколко предимства бяха на страната на Перо.

The dogs had rested for a full week and regained their strength.

Кучетата бяха почивали цяла седмица и бяха възвърнали силите си.

The trail they had broken was now hard-packed by others.

Пътеката, която бяха проправили, сега беше утъпкана от други.

In places, police had stored food for dogs and men alike.

На някои места полицията беше складирала храна както за кучета, така и за мъже.

Perrault traveled light, moving fast with little to weigh him down.

Перо пътуваше с лекота, движеше се бързо и почти нищо не го тежеше.

They reached Sixty-Mile, a fifty-mile run, by the first night.

Те стигнаха до „Шестдесет мили", бягане от петдесет мили, още първата нощ.

On the second day, they rushed up the Yukon toward Pelly.
На втория ден те се втурнаха нагоре по Юкон към Пели.

But such fine progress came with much strain for François.
Но такъв добър напредък дойде с много напрежение за Франсоа.

Buck's quiet rebellion had shattered the team's discipline.
Тихият бунт на Бък беше разрушил дисциплината на отбора.

They no longer pulled together like one beast in the reins.
Те вече не се дърпаха заедно като един звяр, държан на юздите.

Buck had led others into defiance through his bold example.
Бък беше подтикнал другите към неподчинение чрез смелия си пример.

Spitz's command was no longer met with fear or respect.
Заповедта на Шпиц вече не беше посрещана със страх или уважение.

The others lost their awe of him and dared to resist his rule.
Другите загубиха страхопочитанието си към него и се осмелиха да се съпротивляват на управлението му.

One night, Pike stole half a fish and ate it under Buck's eye.
Една нощ Пайк откраднал половин риба и я изял под окото на Бък.

Another night, Dub and Joe fought Spitz and went unpunished.
Друга вечер Дъб и Джо се сбиха със Шпиц и останаха ненаказани.

Even Billee whined less sweetly and showed new sharpness.
Дори Били хленчеше по-малко сладко и показа нова острота.

Buck snarled at Spitz every time they crossed paths.
Бък ръмжеше на Шпиц всеки път, когато пътищата им се пресичаха.

Buck's attitude grew bold and threatening, nearly like a bully.

Отношението на Бък стана дръзко и заплашително, почти като на побойник.

He paced before Spitz with a swagger, full of mocking menace.

Той крачеше пред Шпиц с перчене, изпълнено с подигравателна заплаха.

That collapse of order also spread among the sled-dogs.

Това разрушаване на реда се разпространи и сред кучетата за впряг.

They fought and argued more than ever, filling camp with noise.

Те се караха и спореха повече от всякога, изпълвайки лагера с шум.

Camp life turned into a wild, howling chaos each night.

Лагерният живот се превръщаше в див, виещ хаос всяка нощ.

Only Dave and Solleks remained steady and focused.

Само Дейв и Солекс останаха стабилни и съсредоточени.

But even they became short-tempered from the constant brawls.

Но дори и те се изнервяха от постоянните сбивания.

François cursed in strange tongues and stomped in frustration.

Франсоа изруга на странни езици и тропаше отчаяно.

He tore at his hair and shouted while snow flew underfoot.

Той скубеше косата си и крещеше, докато сняг лети под краката му.

His whip snapped across the pack but barely kept them in line.

Камшикът му щракна по глутницата, но едва ги задържа в редица.

Whenever his back was turned, the fighting broke out again.

Винаги, когато обръщаше гръб, боят избухваше отново.

François used the lash for Spitz, while Buck led the rebels.

Франсоа използва камшика за Шпиц, докато Бък поведе бунтовниците.

Each knew the other's role, but Buck avoided any blame.

Всеки знаеше ролята на другия, но Бък избягваше всякакви обвинения.

François never caught Buck starting a fight or shirking his job.

Франсоа никога не е хващал Бък да започва бой или да бяга от работата си.

Buck worked hard in harness — the toil now thrilled his spirit.

Бък работеше усилено в хамута — трудът сега вълнуваше духа му.

But he found even more joy in stirring fights and chaos in camp.

Но той намираше още по-голяма радост в разпалването на боеве и хаос в лагера.

At the Tahkeena's mouth one evening, Dub startled a rabbit.

Една вечер в устата на Тахкина, Дъб стреснал заек.

He missed the catch, and the snowshoe rabbit sprang away.

Той пропусна уловката и заекът-снежник отскочи.

In seconds, the entire sled team gave chase with wild cries.

След секунди целият впряг с шейни ги преследваше с диви викове.

Nearby, a Northwest Police camp housed fifty husky dogs.

Наблизо, лагер на северозападната полиция приютяваше петдесет кучета хъски.

They joined the hunt, surging down the frozen river together.

Те се присъединиха към лова, спускайки се заедно по замръзналата река.

The rabbit turned off the river, fleeing up a frozen creek bed.

Заекът свърна от реката, бягайки нагоре по замръзналото корито на потока.

The rabbit skipped lightly over snow while the dogs struggled through.

Заекът леко подскачаше по снега, докато кучетата се мъчеха да се промъкнат през него.

Buck led the massive pack of sixty dogs around each twisting bend.

Бък водеше огромната глутница от шестдесет кучета около всеки криволичещ завой.

He pushed forward, low and eager, but could not gain ground.

Той продължи напред, ниско и нетърпеливо, но не можа да набере скорост.

His body flashed under the pale moon with each powerful leap.

Тялото му проблясваше под бледата луна с всеки мощен скок.

Ahead, the rabbit moved like a ghost, silent and too fast to catch.

Напред заекът се движеше като призрак, безшумен и твърде бърз, за да бъде хванат.

All those old instincts—the hunger, the thrill—rushed through Buck.

Всички онези стари инстинкти – гладът, тръпката – нахлуха в Бък.

Humans feel this instinct at times, driven to hunt with gun and bullet.

Хората понякога усещат този инстинкт, подтикнати да ловуват с пушка и куршуми.

But Buck felt this feeling on a deeper and more personal level.

Но Бък изпитваше това чувство на по-дълбоко и по-лично ниво.

They could not feel the wild in their blood the way Buck could feel it.

Те не можеха да усетят дивото в кръвта си така, както Бък можеше да го усети.

He chased living meat, ready to kill with his teeth and taste blood.

Той гонеше живо месо, готов да убива със зъби и да вкуси кръв.

His body strained with joy, wanting to bathe in warm red life.

Тялото му се напрягаше от радост, искаше да се окъпе в топлата червена вода на живота.

A strange joy marks the highest point life can ever reach.

Странна радост бележи най-високата точка, която животът някога може да достигне.

The feeling of a peak where the living forget they are even alive.

Усещането за връх, където живите забравят, че изобщо са живи.

This deep joy touches the artist lost in blazing inspiration.

Тази дълбока радост докосва художника, изгубен в пламтящо вдъхновение.

This joy seizes the soldier who fights wildly and spares no foe.

Тази радост обзема войника, който се бие диво и не щади врагове.

This joy now claimed Buck as he led the pack in primal hunger.

Тази радост сега обзе Бък, докато водеше глутницата с първичен глад.

He howled with the ancient wolf-cry, thrilled by the living chase.

Той виеше с древния вълчи вик, развълнуван от живата лов.

Buck tapped into the oldest part of himself, lost in the wild.

Бък се докосна до най-старата част от себе си, изгубена в дивата природа.

He reached deep within, past memory, into raw, ancient time.

Той се потопи дълбоко в себе си, в отвъдните спомени, в суровото, древно време.

A wave of pure life surged through every muscle and tendon.

Вълна от чист живот премина през всеки мускул и сухожилие.

Each leap shouted that he lived, that he moved through death.

Всеки скок крещеше, че е жив, че преминава през смъртта.

His body soared joyfully over still, cold land that never stirred.

Тялото му се рееше радостно над неподвижна, студена земя, която никога не помръдваше.

Spitz stayed cold and cunning, even in his wildest moments.

Шпиц оставаше хладнокръвен и хитър, дори в най-дивите си моменти.

He left the trail and crossed land where the creek curved wide.

Той напусна пътеката и прекоси земя, където потокът се извиваше широко.

Buck, unaware of this, stayed on the rabbit's winding path.

Бък, без да знае за това, остана на криволичещата пътека на заека.

Then, as Buck rounded a bend, the ghost-like rabbit was before him.

Тогава, когато Бък зави зад завой, призрачният заек се озова пред него.

He saw a second figure leap from the bank ahead of the prey.

Той видя втора фигура да скочи от брега пред плячката.

The figure was Spitz, landing right in the path of the fleeing rabbit.

Фигурата беше Шпиц, кацнал точно на пътя на бягащия заек.

The rabbit could not turn and met Spitz's jaws in mid-air.

Заекът не можеше да се обърне и срещна челюстите на Шпиц във въздуха.

The rabbit's spine broke with a shriek as sharp as a dying human's cry.

Гръбнакът на заека се счупи с писък, остър като плач на умиращ човек.

At that sound—the fall from life to death—the pack howled loud.

При този звук — падането от живот към смърт — глутницата залая силно.

A savage chorus rose from behind Buck, full of dark delight.
Див хор се издигна зад Бък, изпълнен с мрачна наслада.

Buck gave no cry, no sound, and charged straight into Spitz.
Бък не издаде нито вик, нито звук и се нахвърли право върху Шпиц.

He aimed for the throat, but struck the shoulder instead.
Той се прицели в гърлото, но вместо това удари рамото.

They tumbled through soft snow; their bodies locked in combat.
Те се търкаляха през мекия сняг; телата им се сковаха в битка.

Spitz sprang up quickly, as if never knocked down at all.
Шпиц скочи бързо, сякаш никога не е бил повален.

He slashed Buck's shoulder, then leaped clear of the fight.
Той поряза рамото на Бък, след което скочи да се отдръпне от боя.

Twice his teeth snapped like steel traps, lips curled and fierce.
Зъбите му щракнаха два пъти като стоманени капани, устните му се извиха свирепо.

He backed away slowly, seeking firm ground under his feet.
Той се отдръпна бавно, търсейки твърда почва под краката си.

Buck understood the moment instantly and fully.
Бък разбра момента мигновено и напълно.

The time had come; the fight was going to be a fight to the death.
Времето беше дошло; битката щеше да бъде битка до смърт.

The two dogs circled, growling, ears flat, eyes narrowed.
Двете кучета кръжаха около тях, ръмжейки, с присвити уши и присвити очи.

Each dog waited for the other to show weakness or misstep.
Всяко куче чакаше другото да покаже слабост или да сгреши.

To Buck, the scene felt eerily known and deeply remembered.

За Бък сцената му се стори зловещо позната и дълбоко запомнена.

The white woods, the cold earth, the battle under moonlight.

Белите гори, студената земя, битката под лунна светлина.

A heavy silence filled the land, deep and unnatural.

Тежка тишина изпълни земята, дълбока и неестествена.

No wind stirred, no leaf moved, no sound broke the stillness.

Нито вятър, нито листо помръдна, нито звук наруши тишината.

The dogs' breaths rose like smoke in the frozen, quiet air.

Дъхът на кучетата се издигаше като дим в замръзналия, тих въздух.

The rabbit was long forgotten by the pack of wild beasts.

Заекът отдавна беше забравен от глутницата диви зверове.

These half-tamed wolves now stood still in a wide circle.

Тези полуопитомени вълци сега стояха неподвижно в широк кръг.

They were quiet, only their glowing eyes revealed their hunger.

Те бяха тихи, само светещите им очи издаваха глада им.

Their breath drifted upward, watching the final fight begin.

Дъхът им се ускори, докато наблюдаваха началото на финалната битка.

To Buck, this battle was old and expected, not strange at all.

За Бък тази битка беше стара и очаквана, никак не странна.

It felt like a memory of something always meant to happen.

Чувстваше се като спомен за нещо, което винаги е било предопределено да се случи.

Spitz was a trained fighting dog, honed by countless wild brawls.

Шпицът беше обучено бойно куче, усъвършенствано от безброй диви боеве.

From Spitzbergen to Canada, he had mastered many foes.

От Шпицберген до Канада той беше овладял много врагове.

He was filled with fury, but never gave control to rage.

Той беше изпълнен с ярост, но никога не се поддаваше на контрол над яростта.

His passion was sharp, but always tempered by hard instinct.

Страстта му беше остра, но винаги смекчена от твърд инстинкт.

He never attacked until his own defense was in place.

Той никога не атакуваше, докато не си осигури собствена защита.

Buck tried again and again to reach Spitz's vulnerable neck.

Бък се опитваше отново и отново да достигне уязвимия врат на Шпиц.

But every strike was met by a slash from Spitz's sharp teeth.

Но всеки удар беше посрещан с пронизващ удар от острите зъби на Шпиц.

Their fangs clashed, and both dogs bled from torn lips.

Зъбите им се сблъскаха и двете кучета прокървиха от разкъсаните си устни.

No matter how Buck lunged, he couldn't break the defense.

Колкото и да се нахвърляше Бък, не успяваше да пробие защитата.

He grew more furious, rushing in with wild bursts of power.

Той се разяри още повече, нахлувайки с диви изблици на енергия.

Again and again, Buck struck for the white throat of Spitz.

Отново и отново Бък удряше по бялото гърло на Шпиц.

Each time Spitz evaded and struck back with a slicing bite.

Всеки път Шпиц се изплъзваше и отвръщаше на удара с режеща хапка.

Then Buck shifted tactics, rushing as if for the throat again.

Тогава Бък смени тактиката, отново се втурвайки сякаш към гърлото.

But he pulled back mid-attack, turning to strike from the side.

Но той се отдръпна по средата на атаката, обръщайки се, за да удари отстрани.

He threw his shoulder into Spitz, aiming to knock him down.

Той хвърли рамо в Шпиц, целяйки да го събори.

Each time he tried, Spitz dodged and countered with a slash.

Всеки път, когато се опитваше, Шпиц се изплъзваше и контраатакуваше с удар.

Buck's shoulder grew raw as Spitz leapt clear after every hit.

Рамото на Бък се разболя, докато Шпиц отскачаше след всеки удар.

Spitz had not been touched, while Buck bled from many wounds.

Шпиц не беше докоснат, докато Бък кървеше от многобройните си рани.

Buck's breath came fast and heavy, his body slick with blood.

Бък дишаше учестено и тежко, тялото му беше хлъзгаво от кръв.

The fight turned more brutal with each bite and charge.

С всяка хапка и атака битката ставаше все по-брутална.

Around them, sixty silent dogs waited for the first to fall.

Около тях шестдесет мълчаливи кучета чакаха първите да паднат.

If one dog dropped, the pack were going to finish the fight.

Ако едно куче падне, глутницата щеше да довърши битката.

Spitz saw Buck weakening, and began to press the attack.

Шпиц видя, че Бък отслабва, и започна да настоява за атака.

He kept Buck off balance, forcing him to fight for footing.

Той държеше Бък извън равновесие, принуждавайки го да се бори за опора.

Once Buck stumbled and fell, and all the dogs rose up.

Веднъж Бък се спъна и падна, а всички кучета се изправиха.

But Buck righted himself mid-fall, and everyone sank back down.

Но Бък се изправи по средата на падането и всички отново потънаха.

Buck had something rare—imagination born from deep instinct.

Бък притежаваше нещо рядко срещано – въображение, родено от дълбок инстинкт.

He fought by natural drive, but he also fought with cunning.

Той се биеше с естествен инстинкт, но се биеше и с хитрост.

He charged again as if repeating his shoulder attack trick.

Той отново се нахвърли в атака, сякаш повтаряше номера си с атака с рамо.

But at the last second, he dropped low and swept beneath Spitz.

Но в последната секунда той се спусна ниско и профуча под Шпиц.

His teeth locked on Spitz's front left leg with a snap.

Зъбите му се забиха в предния ляв крак на Шпиц с щракване.

Spitz now stood unsteady, his weight on only three legs.

Шпиц сега стоеше нестабилно, тежестта му се крепеше само на три крака.

Buck struck again, tried three times to bring him down.

Бък удари отново, опита се три пъти да го повали.

On the fourth attempt he used the same move with success

На четвъртия опит той използва същия ход с успех.

This time Buck managed to bite the right leg of Spitz.

Този път Бък успя да захапе десния крак на Шпиц.

Spitz, though crippled and in agony, kept struggling to survive.

Шпиц, макар и осакатен и в агония, продължаваше да се бори да оцелее.

He saw the circle of huskies tighten, tongues out, eyes glowing.

Той видя как кръгът от хъските се стегна, с изплезени езици и светещи очи.

They waited to devour him, just as they had done to others.
Те чакаха да го погълнат, точно както бяха направили с другите.

This time, he stood in the center; defeated and doomed.
Този път той стоеше в центъра; победен и обречен.

There was no option to escape for the white dog now.
Сега бялото куче нямаше друг избор да избяга.

Buck showed no mercy, for mercy did not belong in the wild.
Бък не показа милост, защото милостта не беше място за дивата природа.

Buck moved carefully, setting up for the final charge.
Бък се движеше внимателно, подготвяйки се за последната атака.

The circle of huskies closed in; he felt their warm breaths.
Кръгът от хъските се затвори; той усети топлите им дъхи.

They crouched low, prepared to spring when the moment came.
Те се приклекнаха ниско, готови да скочат, когато моментът настъпи.

Spitz quivered in the snow, snarling and shifting his stance.
Шпиц трепереше в снега, ръмжеше и местеше стойката си.

His eyes glared, lips curled, teeth flashing in desperate threat.
Очите му блестяха, устните му се извиха, зъбите му проблясваха в отчаяна заплаха.

He staggered, still trying to hold off the cold bite of death.
Той се олюля, все още опитвайки се да сдържи студения ухапване на смъртта.

He had seen this before, but always from the winning side.
Беше виждал това и преди, но винаги от печелившата страна.

Now he was on the losing side; the defeated; the prey; death.

Сега той беше на страната на губещите; победените; плячката; смъртта.

Buck circled for the final blow, the ring of dogs pressed closer.

Бък се завъртя за последния удар, кръгът от кучета се притисна още по-близо.

He could feel their hot breaths; ready for the kill.

Той усещаше горещите им дъхове; готови за убийство.

A stillness fell; all was in its place; time had stopped.

Настъпи тишина; всичко си беше на мястото; времето беше спряло.

Even the cold air between them froze for one last moment.

Дори студеният въздух между тях замръзна за последен миг.

Only Spitz moved, trying to hold off his bitter end.

Само Шпиц се движеше, опитвайки се да сдържи горчивия си край.

The circle of dogs was closing in around him, as was his destiny.

Кръгът от кучета се затваряше около него, както и съдбата му.

He was desperate now, knowing what was about to happen.

Сега беше отчаян, знаейки какво ще се случи.

Buck sprang in, shoulder met shoulder one last time.

Бък скочи напред, рамо срещна рамо за последен път.

The dogs surged forward, covering Spitz in the snowy dark.

Кучетата се втурнаха напред, покривайки Шпиц в снежния мрак.

Buck watched, standing tall; the victor in a savage world.

Бък наблюдаваше, изправен; победителят в един див свят.

The dominant primordial beast had made its kill, and it was good.

Доминиращият първичен звяр беше направил своето убийство и това беше добре.

He, Who Has Won to Mastership
Този, който е спечелил майсторство

"Eh? What did I say? I speak true when I say Buck is a devil."

„А? Какво казах? Прав съм, когато казвам, че Бък е дявол."

François said this the next morning after finding Spitz missing.

Франсоа каза това на следващата сутрин, след като откри, че Шпиц е изчезнал.

Buck stood there, covered with wounds from the vicious fight.

Бък стоеше там, покрит с рани от ожесточената битка.

François pulled Buck near the fire and pointed at the injuries.

Франсоа придърпа Бък близо до огъня и посочи раните.

"That Spitz fought like the Devik," said Perrault, eyeing the deep gashes.

„Този Шпиц се биеше като Девик", каза Перо, оглеждайки дълбоките рани.

"And that Buck fought like two devils," François replied at once.

— И че Бък се биеше като два дявола — отвърна веднага Франсоа.

"Now we will make good time; no more Spitz, no more trouble."

„Сега ще се справим добре; край на Шпиц, край на неприятностите."

Perrault was packing the gear and loaded the sled with care.

Перо опаковаше багажа и товареше шейната внимателно.

François harnessed the dogs in preparation for the day's run.

Франсоа впрегна кучетата, подготвяйки ги за дневното бягане.

Buck trotted straight to the lead position once held by Spitz.

Бък се затича право към водещата позиция, която някога заемаше Шпиц.

But François, not noticing, led Solleks forward to the front.

Но Франсоа, без да забелязва, поведе Солекс напред към предната част.

In François's judgment, Solleks was now the best lead-dog.

Според преценката на Франсоа, Солекс вече беше най-доброто куче-водач.

Buck sprang at Solleks in fury and drove him back in protest.

Бък се нахвърли яростно върху Солекс и го отблъсна в знак на протест.

He stood where Spitz once had stood, claiming the lead position.

Той застана там, където някога беше стоял Шпиц, претендирайки за водещата позиция.

"Eh? Eh?" cried François, slapping his thighs in amusement.

„А? А?" — извика Франсоа, като се пляскаше развеселено по бедрата.

"Look at Buck—he killed Spitz, now he wants to take the job!"

„Виж Бък — той уби Шпиц, а сега иска да вземе работата!"

"Go away, Chook!" he shouted, trying to drive Buck away.

„Махай се, Чук!" – извика той, опитвайки се да прогони Бък.

But Buck refused to move and stood firm in the snow.

Но Бък отказа да помръдне и стоеше здраво в снега.

François grabbed Buck by the scruff, dragging him aside.

Франсоа сграбчи Бък за яката и го дръпна настрани.

Buck growled low and threateningly but did not attack.

Бък изръмжа ниско и заплашително, но не атакува.

François put Solleks back in the lead, trying to settle the dispute

Франсоа отново изведе Солекс напред, опитвайки се да разреши спора

The old dog showed fear of Buck and didn't want to stay.

Старото куче показа страх от Бък и не искаше да остане.

When François turned his back, Buck drove Solleks out again.

Когато Франсоа му обърна гръб, Бък отново изгони
Солекс.

Solleks did not resist and quietly stepped aside once more.

Солекс не се съпротивляваше и тихо се отдръпна отново.

François grew angry and shouted, "By God, I fix you!"

Франсоа се ядоса и извика: „За Бога, ще те оправя!"

He came toward Buck holding a heavy club in his hand.

Той се приближи до Бък, държейки тежка тояга в ръка.

Buck remembered the man in the red sweater well.

Бък добре си спомняше мъжа с червения пуловер.

**He retreated slowly, watching François, but growling
deeply.**

Той се отдръпна бавно, наблюдавайки Франсоа, но
ръмжейки дълбоко.

He did not rush back, even when Solleks stood in his place.

Той не се втурна назад, дори когато Солекс застана на
негово място.

Buck circled just beyond reach, snarling in fury and protest.

Бък се завъртя точно извън обсега им, ръмжейки от ярост
и протест.

**He kept his eyes on the club, ready to dodge if François
threw.**

Той не откъсваше очи от стика, готов да се измъкне, ако
Франсоа хвърли.

**He had grown wise and wary in the ways of men with
weapons.**

Той беше станал мъдър и предпазлив по отношение на
оръжейните мъже.

François gave up and called Buck to his former place again.

Франсоа се отказа и отново повика Бък на предишното му
място.

**But Buck stepped back cautiously, refusing to obey the
order.**

Но Бък отстъпи предпазливо назад, отказвайки да се
подчини на заповедта.

François followed, but Buck only retreated a few steps more.

Франсоа го последва, но Бък отстъпи само още няколко крачки.

After some time, François threw the weapon down in frustration.

След известно време Франсоа хвърли оръжието от отчаяние.

He thought Buck feared a beating and was going to come quietly.

Той си помисли, че Бък се страхува от побой и ще дойде тихо.

But Buck wasn't avoiding punishment—he was fighting for rank.

Но Бък не избягваше наказанието — той се бореше за ранг.

He had earned the lead-dog spot through a fight to the death

Той си беше спечелил мястото на куче-водещ чрез битка до смърт.

he was not going to settle for anything less than being the leader.

Той нямаше да се задоволи с нищо по-малко от това да бъде лидер.

Perrault took a hand in the chase to help catch the rebellious Buck.

Перо се намеси в преследването, за да помогне за залавянето на непокорния Бък.

Together, they ran him around the camp for nearly an hour.

Заедно го разхождаха из лагера близо час.

They hurled clubs at him, but Buck dodged each one skillfully.

Хвърляха тояги по него, но Бък умело избягваше всяка една от тях.

They cursed him, his ancestors, his descendants, and every hair on him.

Те проклеха него, предците му, потомците му и всеки косъм по него.

But Buck only snarled back and stayed just out of their reach.

Но Бък само изръмжа в отговор и остана точно извън обсега им.

He never tried to run away but circled the camp deliberately.

Той никога не се е опитвал да избяга, а умишлено е обикалял лагера.

He made it clear he was going to obey once they gave him what he wanted.

Той ясно заяви, че ще се подчини, щом му дадат това, което иска.

François finally sat down and scratched his head in frustration.

Франсоа най-накрая седна и се почеса по главата отчаяно.

Perrault checked his watch, swore, and muttered about lost time.

Перо погледна часовника си, изруга и промърмори за изгубеното време.

An hour had already passed when they should have been on the trail.

Вече беше минал един час, откакто трябваше да са на пътеката.

François shrugged sheepishly at the courier, who sighed in defeat.

Франсоа сви плахо рамене към куриера, който въздъхна победено.

Then François walked to Solleks and called out to Buck once more.

След това Франсоа отиде до Солекс и отново извика Бък.

Buck laughed like a dog laughs, but kept his cautious distance.

Бък се засмя като кучешки смях, но запази предпазлива дистанция.

François removed Solleks's harness and returned him to his spot.

Франсоа свали хамута на Солекс и го върна на мястото му.

The sled team stood fully harnessed, with only one spot unfilled.

Впрягът с шейни беше напълно впрегнат, като само едно място беше незаето.

The lead position remained empty, clearly meant for Buck alone.

Водещата позиция остана празна, очевидно предназначена само за Бък.

François called again, and again Buck laughed and held his ground.

Франсоа извика отново и Бък отново се засмя и удържа позицията си.

"Throw down the club," Perrault ordered without hesitation.

„Хвърли тоягата", заповяда Перо без колебание.

François obeyed, and Buck immediately trotted forward proudly.

Франсоа се подчини и Бък веднага гордо тръгна напред.

He laughed triumphantly and stepped into the lead position.

Той се засмя триумфално и зае водещата позиция.

François secured his traces, and the sled was broken loose.

Франсоа закрепи следите си и шейната се откъсна.

Both men ran alongside as the team raced onto the river trail.

И двамата мъже тичаха редом с екипа, който се втурваше по пътеката край реката.

François had thought highly of Buck's "two devils,"

Франсоа имаше високо мнение за „двамата дяволи" на Бък

but he soon realized he had actually underestimated the dog.

но скоро осъзна, че всъщност е подценил кучето.

Buck quickly assumed leadership and performed with excellence.

Бък бързо пое лидерството и се представи отлично.

In judgment, quick thinking, and fast action, Buck surpassed Spitz.

По преценка, бързо мислене и бързи действия Бък превъзхождаше Шпиц.

François had never seen a dog equal to what Buck now displayed.

Франсоа никога не беше виждал куче, равностойно на това, което Бък сега демонстрираше.

But Buck truly excelled in enforcing order and commanding respect.

Но Бък наистина се отличаваше в налагането на ред и внушаването на уважение.

Dave and Solleks accepted the change without concern or protest.

Дейв и Солекс приеха промяната без притеснение или протест.

They focused only on work and pulling hard in the reins.

Те се съсредоточиха само върху работата и здраво дърпаха юздите.

They cared little who led, so long as the sled kept moving.

Малко ги интересуваше кой води, стига шейната да продължаваше да се движи.

Billee, the cheerful one, could have led for all they cared.

Били, веселата, можеше да поведе, колкото и да ги интересуваше.

What mattered to them was peace and order in the ranks.

За тях важни бяха мирът и редът в редиците.

The rest of the team had grown unruly during Spitz's decline.

Останалата част от отбора беше станала непокорна по време на упадъка на Шпиц.

They were shocked when Buck immediately brought them to order.

Те бяха шокирани, когато Бък веднага ги подреди.

Pike had always been lazy and dragging his feet behind Buck.

Пайк винаги беше мързелив и се беше влачил след Бък.

But now was sharply disciplined by the new leadership.

Но сега беше строго дисциплиниран от новото ръководство.

And he quickly learned to pull his weight in the team.

И той бързо се научи да играе важна роля в отбора.

By the end of the day, Pike worked harder than ever before.

Към края на деня Пайк работеше по-усърдно от всякога.

That night in camp, Joe, the sour dog, was finally subdued.

Същата нощ в лагера Джо, киселото куче, най-накрая беше покорен.

Spitz had failed to discipline him, but Buck did not fail.

Шпиц не успя да го накаже, но Бък не се провали.

Using his greater weight, Buck overwhelmed Joe in seconds.

Използвайки по-голямата си тежест, Бък надви Джо за секунди.

He bit and battered Joe until he whimpered and ceased resisting.

Той хапеше и удряше Джо, докато той не изскимтя и не спря да се съпротивлява.

The whole team improved from that moment on.

Целият отбор се подобри от този момент нататък.

The dogs regained their old unity and discipline.

Кучетата възвърнаха старото си единство и дисциплина.

At Rink Rapids, two new native huskies, Teek and Koona, joined.

В Ринк Рапидс се присъединиха две нови местни хъскита, Тийк и Куна.

Buck's swift training of them astonished even François.

Бързото обучение на Бък изуми дори Франсоа.

"Never was there such a dog as that Buck!" he cried in amazement.

„Никога не е имало такова куче като този Бък!" – извика той с удивление.

"No, never! He's worth one thousand dollars, by God!"

„Не, никога! Той струва хиляда долара, за бога!"

"Eh? What do you say, Perrault?" he asked with pride.

„А? Какво ще кажеш, Перо?" — попита той с гордост.

Perrault nodded in agreement and checked his notes.

Перо кимна в знак на съгласие и провери бележките си.

We're already ahead of schedule and gaining more each day.

Вече изпреварваме графика и всеки ден печелим повече.

The trail was hard-packed and smooth, with no fresh snow.

Пътеката беше твърда и гладка, без пресен сняг.

The cold was steady, hovering at fifty below zero throughout.

Студът беше постоянен, като през цялото време се движеше около петдесет градуса под нулата.

The men rode and ran in turns to keep warm and make time.

Мъжете яздеха и тичаха на свой ред, за да се стоплят и да си намерят време.

The dogs ran fast with few stops, always pushing forward.

Кучетата тичаха бързо с малко спирания, винаги натискайки напред.

The Thirty Mile River was mostly frozen and easy to travel across.

Река Тридесет и миля беше предимно замръзнала и лесна за преминаване.

They went out in one day what had taken ten days coming in.

Те излязоха за един ден, това, което им отне десет дни, за да пристигнат.

They made a sixty-mile dash from Lake Le Barge to White Horse.

Те направиха шестдесеткилометров бяг от езерото Льо Барж до Белия кон.

Across Marsh, Tagish, and Bennett Lakes they moved incredibly fast.

През езерата Марш, Тагиш и Бенет те се движеха невероятно бързо.

The running man towed behind the sled on a rope.

Бягащият мъж теглеше шейната по въже.

On the last night of week two they got to their destination.

В последната нощ на втората седмица те стигнаха до местоназначението си.

They had reached the top of White Pass together.

Бяха стигнали заедно върха на Белия проход.

They dropped down to sea level with Skaguay's lights below them.

Те се спуснаха до морското равнище, а светлините на Скагуей бяха под тях.

It had been a record-setting run across miles of cold wilderness.

Това беше рекордно бягане през километри студена пустош.

For fourteen days straight, they averaged a strong forty miles.

В продължение на четиринадесет дни те изминаваха средно по четиридесет мили.

In Skaguay, Perrault and François moved cargo through town.

В Скагуей Перо и Франсоа превозвали товари през града.

They were cheered and offered many drinks by admiring crowds.

Те бяха аплодирани и им предлагани много напитки от възхитената тълпа.

Dog-busters and workers gathered around the famous dog team.

Ловци на кучета и работници се събраха около известния кучешки впряг.

Then western outlaws came to town and met violent defeat.

Тогава западни разбойници дойдоха в града и претърпяха жестоко поражение.

The people soon forgot the team and focused on new drama.

Хората скоро забравиха отбора и се съсредоточиха върху нова драма.

Then came the new orders that changed everything at once.

След това дойдоха новите заповеди, които промениха всичко наведнъж.

François called Buck to him and hugged him with tearful pride.

Франсоа повика Бък при себе си и го прегърна със сълзи на гордост.

That moment was the last time Buck ever saw François again.

Този момент беше последният път, когато Бък видя Франсоа отново.

Like many men before, both François and Perrault were gone.

Както много мъже преди това, и Франсоа, и Перо ги нямаше.

A Scotch half-breed took charge of Buck and his sled dog teammates.

Шотландско куче от смесена порода пое отговорност за Бък и неговите съотборници, впрегатни кучета.

With a dozen other dog teams, they returned along the trail to Dawson.

С дузина други кучешки впрягове те се върнаха по пътеката към Доусън.

It was no fast run now—just heavy toil with a heavy load each day.

Вече не беше бързо бягане — просто тежък труд с тежък товар всеки ден.

This was the mail train, bringing word to gold hunters near the Pole.

Това беше пощенският влак, който носеше вест на ловците на злато близо до полюса.

Buck disliked the work but bore it well, taking pride in his effort.

Бък не харесваше работата, но я понасяше добре, гордеейки се с усилията си.

Like Dave and Solleks, Buck showed devotion to every daily task.

Подобно на Дейв и Солекс, Бък показваше всеотдайност към всяка ежедневна задача.

He made sure his teammates each pulled their fair weight.

Той се увери, че всеки от съотборниците му се справя с тежестта, която му е отредена.

Trail life became dull, repeated with the precision of a machine.

Животът по пътеките стана скучен, повтарящ се с прецизността на машина.

Each day felt the same, one morning blending into the next.

Всеки ден се усещаше един и същ, една сутрин се сливаше със следващата.

At the same hour, the cooks rose to build fires and prepare food.

В същия час готвачите станаха, за да запалят огньове и да приготвят храна.

After breakfast, some left camp while others harnessed the dogs.

След закуска някои напуснаха лагера, докато други впрегнаха кучетата.

They hit the trail before the dim warning of dawn touched the sky.

Те стигнаха до пътеката, преди смътният лъч на зората да докосне небето.

At night, they stopped to make camp, each man with a set duty.

През нощта те спираха, за да направят лагер, като всеки мъж имаше определена задача.

Some pitched the tents, others cut firewood and gathered pine boughs.

Някои опънаха палатките, други секоха дърва за огрев и събираха борови клони.

Water or ice was carried back to the cooks for the evening meal.

За вечерята на готвачите се носеше вода или лед.

The dogs were fed, and this was the best part of the day for them.

Кучетата бяха нахранени и това беше най-хубавата част от деня за тях.

After eating fish, the dogs relaxed and lounged near the fire.

След като ядоха риба, кучетата се отпуснаха и се излежаваха близо до огъня.

There were a hundred other dogs in the convoy to mingle with.

В конвоя имаше още стотина кучета, с които можеше да се смеси.

Many of those dogs were fierce and quick to fight without warning.

Много от тези кучета бяха свирепи и бързи да се бият без предупреждение.

But after three wins, Buck mastered even the fiercest fighters.

Но след три победи, Бък овладя дори най-свирепите бойци.

Now when Buck growled and showed his teeth, they stepped aside.

Сега, когато Бък изръмжа и показа зъби, те се отдръпнаха.

Perhaps best of all, Buck loved lying near the flickering campfire.

Може би най-хубавото от всичко беше, че Бък обичаше да лежи близо до трепкащия лагерен огън.

He crouched with hind legs tucked and front legs stretched ahead.

Той клекна със свити задни крака и предни, изпънати напред.

His head was raised as he blinked softly at the glowing flames.

Главата му беше вдигната, докато премигваше тихо към светещите пламъци.

Sometimes he recalled Judge Miller's big house in Santa Clara.

Понякога си спомняше голямата къща на съдия Милър в Санта Клара.

He thought of the cement pool, of Ysabel, and the pug called Toots.

Той си помисли за циментовия басейн, за Изабел и мопса на име Тутс.

But more often he remembered the man with the red sweater's club.

Но по-често си спомняше за мъжа с червения пуловер.

He remembered Curly's death and his fierce battle with Spitz.

Той си спомни смъртта на Кърли и ожесточената му битка със Шпиц.

He also recalled the good food he had eaten or still dreamed of.

Той си спомни и хубавата храна, която беше ял или за която все още мечтаеше.

Buck was not homesick—the warm valley was distant and unreal.

Бък не изпитваше носталгия — топлата долина беше далечна и нереална.

Memories of California no longer held any real pull over him.

Спомените за Калифорния вече не го привличаха особено.

Stronger than memory were instincts deep in his bloodline.

По-силни от паметта бяха инстинктите, дълбоко заложени в кръвта му.

Habits once lost had returned, revived by the trail and the wild.

Някога загубените навици се бяха завърнали, съживени от пътеката и дивата природа.

As Buck watched the firelight, it sometimes became something else.

Докато Бък наблюдаваше светлината на огъня, тя понякога се превръщаше в нещо друго.

He saw in the firelight another fire, older and deeper than the present one.

В светлината на огъня той видя друг огън, по-стар и по-дълбок от сегашния.

Beside that other fire crouched a man unlike the half-breed cook.

До другия огън се беше свил мъж, различен от готвача-мелез.

This figure had short legs, long arms, and hard, knotted muscles.

Тази фигура имаше къси крака, дълги ръце и твърди, стегнати мускули.

His hair was long and matted, sloping backward from the eyes.

Косата му беше дълга и сплъстена, спускаща се назад от очите.

He made strange sounds and stared out in fear at the darkness.

Той издаваше странни звуци и се взираше уплашено в тъмнината.

He held a stone club low, gripped tightly in his long rough hand.

Той държеше ниско каменна тояга, здраво стисната в дългата му груба ръка.

The man wore little; just a charred skin that hung down his back.

Мъжът носеше оскъдно облекло; само обгорена кожа, която висеше по гърба му.

His body was covered with thick hair across arms, chest, and thighs.

Тялото му беше покрито с гъста коса по ръцете, гърдите и бедрата.

Some parts of the hair were tangled into patches of rough fur.

Някои части от косата бяха преплетени на кичури груба козина.

He did not stand straight but bent forward from the hips to knees.

Той не стоеше изправен, а се наведе напред от бедрата до коленете.

His steps were springy and catlike, as if always ready to leap.

Стъпките му бяха пружиниращи и котешки, сякаш винаги готов да скочи.

There was a sharp alertness, like he lived in constant fear.

Имаше остра бдителност, сякаш живееше в постоянен страх.

This ancient man seemed to expect danger, whether the danger was seen or not.

Този древен мъж сякаш очакваше опасност, независимо дали опасността беше видима или не.

At times the hairy man slept by the fire, head tucked between legs.

Понякога косматият мъж спеше край огъня, с глава, пъхната между краката.

His elbows rested on his knees, hands clasped above his head.

Лактите му бяха опряни на коленете, ръцете му бяха скръстени над главата.

Like a dog he used his hairy arms to shed off the falling rain.

Като куче той използваше косматите си ръце, за да се отърси от падащия дъжд.

Beyond the firelight, Buck saw twin coals glowing in the dark.

Отвъд светлината на огъня Бък видя два жарава, светещи в тъмнината.

Always two by two, they were the eyes of stalking beasts of prey.

Винаги по двама, те бяха очите на дебнещи хищни зверове.

He heard bodies crash through brush and sounds made in the night.

Той чуваше как тела се разбиват през храстите и звуци, издавани през нощта.

Lying on the Yukon bank, blinking, Buck dreamed by the fire.

Лежейки на брега на Юкон и примигвайки, Бък сънува край огъня.

The sights and sounds of that wild world made his hair stand up.

Гледките и звуците на този див свят накараха косата му да настръхне.

The fur rose along his back, his shoulders, and up his neck.

Козината се надигаше по гърба му, раменете и нагоре по врата му.

He whimpered softly or gave a low growl deep in his chest.

Той тихо изскимтя или изръмжа дълбоко в гърдите си.

Then the half-breed cook shouted, "Hey, you Buck, wake up!"

Тогава готвачът-метис извика: „Хей, Бък, събуди се!"

The dream world vanished, and real life returned to Buck's eyes.

Светът на сънищата изчезна и истинският живот се завърна в очите на Бък.

He was going to get up, stretch, and yawn, as if woken from a nap.

Щеше да стане, да се протегне и да се прозяе, сякаш се е събудил от дрямка.

The trip was hard, with the mail sled dragging behind them.

Пътуването беше трудно, пощенската шейна се влачеше зад тях.

Heavy loads and tough work wore down the dogs each long day.

Тежките товари и тежката работа изтощаваха кучетата всеки дълъг ден.

They reached Dawson thin, tired, and needing over a week's rest.

Пристигнаха в Доусън измършавели, уморени и нуждаещи се от повече от седмица почивка.

But only two days later, they set out down the Yukon again.

Но само два дни по-късно те отново тръгнаха по Юкон.

They were loaded with more letters bound for the outside world.

Те бяха натоварени с още писма, предназначени за външния свят.

The dogs were exhausted and the men were complaining constantly.

Кучетата бяха изтощени, а мъжете непрекъснато се оплакваха.

Snow fell every day, softening the trail and slowing the sleds.

Сняг валеше всеки ден, омекотявайки пътеката и забавяйки шейните.

This made for harder pulling and more drag on the runners.

Това доведе до по-трудно дърпане и по-голямо съпротивление на бегачите.

Despite that, the drivers were fair and cared for their teams.

Въпреки това, пилотите бяха коректни и се грижеха за отборите си.

Each night, the dogs were fed before the men got to eat.

Всяка вечер кучетата били хранени, преди мъжете да се нахранят.

No man slept before checking the feet of his own dog's.

Никой човек не е спал, преди да провери краката на собственото си куче.

Still, the dogs grew weaker as the miles wore on their bodies.

Въпреки това, кучетата отслабваха с напредването на километрите.

They had traveled eighteen hundred miles through the winter.

Бяха изминали хиляда и осемстотин мили през зимата.

They pulled sleds across every mile of that brutal distance.

Те теглиха шейни през всяка миля от това брутално разстояние.

Even the toughest sled dogs feel strain after so many miles.

Дори най-издръжливите кучета за впряг чувстват напрежение след толкова много километри.

Buck held on, kept his team working, and maintained discipline.

Бък се държеше, поддържаше екипа си в действие и поддържаше дисциплина.

But Buck was tired, just like the others on the long journey.

Но Бък беше уморен, точно както останалите по време на дългото пътуване.

Billee whimpered and cried in his sleep each night without fail.

Били хленчеше и плачеше насън всяка нощ без прекъсване.

Joe grew even more bitter, and Solleks stayed cold and distant.

Джо се огорчи още повече, а Солекс остана студен и дистанциран.

But it was Dave who suffered the worst out of the entire team.

Но Дейв пострада най-много от целия екип.

Something had gone wrong inside him, though no one knew what.

Нещо се беше объркало вътре в него, макар че никой не знаеше какво.

He became moodier and snapped at others with growing anger.

Той ставаше по-настроен и се сърдеше на другите с нарастващ гняв.

Each night he went straight to his nest, waiting to be fed.

Всяка вечер той отиваше директно в гнездото си, чакайки да бъде нахранен.

Once he was down, Dave did not get up again till morning.

След като легна, Дейв не стана до сутринта.

On the reins, sudden jerks or starts made him cry out in pain.

При юздите, внезапни потрепвания или стряскания го караха да извика от болка.

His driver searched for the cause, but found no injury on him.

Шофьорът му потърси причината, но не откри никакви наранявания по него.

All the drivers began watching Dave and discussed his case.

Всички шофьори започнаха да наблюдават Дейв и да обсъждат неговия случай.

They talked at meals and during their final smoke of the day.

Те разговаряха по време на хранене и по време на последната си цигара за деня.

One night they held a meeting and brought Dave to the fire.

Една вечер те проведоха събрание и доведоха Дейв до огъня.

They pressed and probed his body, and he cried out often.

Те притискаха и сондираха тялото му и той често викаше.

Clearly, something was wrong, though no bones seemed broken.

Очевидно нещо не беше наред, въпреки че костите не изглеждаха счупени.

By the time they reached Cassiar Bar, Dave was falling down.

Когато стигнаха до бар „Касиар", Дейв вече падаше.

The Scotch half-breed called a halt and removed Dave from the team.

Шотландският мелез обяви край на отбора и извади Дейв от него.

He fastened Solleks in Dave's place, closest to the sled's front.

Той закрепи Солекс на мястото на Дейв, най-близо до предната част на шейната.

He meant to let Dave rest and run free behind the moving sled.

Той възнамеряваше да остави Дейв да си почине и да тича свободно зад движещата се шейна.

But even sick, Dave hated being taken from the job he had owned.

Но дори и болен, Дейв мразеше да го отнемат от работата, която беше заемал.

He growled and whimpered as the reins were pulled from his body.

Той изръмжа и изскимтя, когато юздите бяха издърпани от тялото му.

When he saw Solleks in his place, he cried with broken-hearted pain.

Когато видя Солекс на негово място, той се разплака от съкрушена болка.

The pride of trail work was deep in Dave, even as death approached.

Гордостта от работата по пътеките беше дълбока в Дейв, дори когато смъртта наближаваше.

As the sled moved, Dave floundered through soft snow near the trail.

Докато шейната се движеше, Дейв се промъкваше през мекия сняг близо до пътеката.

He attacked Solleks, biting and pushing him from the sled's side.

Той нападна Солекс, хапейки го и бутвайки го от страната на шейната.

Dave tried to leap into the harness and reclaim his working spot.

Дейв се опита да скочи в сбруята и да си върне работното място.

He yelped, whined, and cried, torn between pain and pride in labor.

Той викаше, хленчеше и плачеше, разкъсван между болката и гордостта от труда.

The half-breed used his whip to try driving Dave away from the team.

Метисът използва камшика си, за да се опита да прогони Дейв от отбора.

But Dave ignored the lash, and the man couldn't strike him harder.

Но Дейв игнорира удара с камшик и мъжът не можа да го удари по-силно.

Dave refused the easier path behind the sled, where snow was packed.

Дейв отказа по-лесния път зад шейната, където беше утъпкан сняг.

Instead, he struggled in the deep snow beside the trail, in misery.

Вместо това, той се мъчеше в дълбокия сняг край пътеката, в мизерия.

Eventually, Dave collapsed, lying in the snow and howling in pain.

Накрая Дейв се срина, легна в снега и виеше от болка.

He cried out as the long train of sleds passed him one by one.

Той извика, когато дългата колона от шейни го подмина една по една.

Still, with what strength remained, he rose and stumbled after them.

Все пак, с останалите сили, той се изправи и се препъна след тях.

He caught up when the train stopped again and found his old sled.

Той настигна, когато влакът спря отново, и намери старата си шейна.

He floundered past the other teams and stood beside Solleks again.

Той се промъкна покрай другите отбори и отново застана до Солекс.

As the driver paused to light his pipe, Dave took his last chance.

Докато шофьорът спираше, за да запали лулата си, Дейв се възползва от последния си шанс.

When the driver returned and shouted, the team didn't move forward.

Когато шофьорът се върна и извика, екипът не продължи напред.

The dogs had turned their heads, confused by the sudden stoppage.

Кучетата бяха обърнали глави, объркани от внезапното спиране.

The driver was shocked too—the sled hadn't moved an inch forward.

Шофьорът също беше шокиран — шейната не се беше помръднала нито сантиметър напред.

He called out to the others to come and see what had happened.

Той извика останалите да дойдат и да видят какво се е случило.

Dave had chewed through Solleks's reins, breaking both apart.

Дейв беше прегризал юздите на Солекс, счупвайки и двете.

Now he stood in front of the sled, back in his rightful position.

Сега той стоеше пред шейната, отново на полагащото му се място.

Dave looked up at the driver, silently pleading to stay in the traces.

Дейв погледна нагоре към шофьора, мълчаливо го умолявайки да не се отклонява от пътя.

The driver was puzzled, unsure of what to do for the struggling dog.

Шофьорът беше озадачен, несигурен какво да направи с борещото се куче.

The other men spoke of dogs who had died from being taken out.

Другите мъже говореха за кучета, които бяха умрели, след като бяха изведени навън.

They told of old or injured dogs whose hearts broke when left behind.

Те разказваха за стари или ранени кучета, чиито сърца се късаха, когато ги оставиха.

They agreed it was mercy to let Dave die while still in his harness.

Те се съгласиха, че е милост да оставят Дейв да умре, докато е още в сбруята си.

He was fastened back onto the sled, and Dave pulled with pride.

Той беше завързан обратно за шейната и Дейв я теглеше с гордост.

Though he cried out at times, he worked as if pain could be ignored.

Въпреки че понякога викаше, той работеше така, сякаш болката можеше да бъде игнорирана.

More than once he fell and was dragged before rising again.

Неведнъж падаше и беше влачен, преди да се изправи
отново.

**Once, the sled rolled over him, and he limped from that
moment on.**

Веднъж шейната се преобърна върху него и от този
момент нататък той накуцваше.

**Still, he worked until camp was reached, and then lay by the
fire.**

Въпреки това той работеше, докато стигна до лагера, а
след това легна край огъня.

**By morning, Dave was too weak to travel or even stand
upright.**

До сутринта Дейв беше твърде слаб, за да пътува или дори
да стои изправен.

**At harness-up time, he tried to reach his driver with
trembling effort.**

В момента, в който се впрягаше, той се опита да стигне до
шофьора си с трепереещо усилие.

**He forced himself up, staggered, and collapsed onto the
snowy ground.**

Той се насили да се изправи, олюля се и се строполи на
заснежената земя.

**Using his front legs, he dragged his body toward the
harnessing area.**

Използвайки предните си крака, той завлачи тялото си
към мястото за впрягане.

**He hitched himself forward, inch by inch, toward the
working dogs.**

Той се придвижваше напред, сантиметър по сантиметър,
към работещите кучета.

**His strength gave out, but he kept moving in his last
desperate push.**

Силите му напуснаха, но той продължи да се движи в
последния си отчаян тласък.

**His teammates saw him gasping in the snow, still longing to
join them.**

Съотборниците му го видяха да се задъхва в снега, все още копнеещ да се присъедини към тях.

They heard him howling with sorrow as they left the camp behind.

Чуха го да вие от тъга, когато напускаха лагера.

As the team vanished into trees, Dave's cry echoed behind them.

Докато екипът изчезваше сред дърветата, викът на Дейв отекваше зад тях.

The sled train halted briefly after crossing a stretch of river timber.

Влакчето с шейни спря за кратко, след като прекоси ивица речна гора.

The Scotch half-breed walked slowly back toward the camp behind.

Шотландският мелез бавно се върна към лагера отзад.

The men stopped speaking when they saw him leave the sled train.

Мъжете млъкнаха, когато го видяха да напуска шейната.

Then a single gunshot rang out clear and sharp across the trail.

Тогава един-единствен изстрел проехтя ясно и остро по пътеката.

The man returned quickly and took up his place without a word.

Мъжът се върна бързо и зае мястото си безмълвно.

Whips cracked, bells jingled, and the sleds rolled on through snow.

Камшици пращяха, звънци звъняха и шейните се търкаляха през снега.

But Buck knew what had happened—and so did every other dog.

Но Бък знаеше какво се е случило — както и всяко друго куче.

The Toil of Reins and Trail
Трудът на юздите и пътеката

Thirty days after leaving Dawson, the Salt Water Mail reached Skaguay.

Тридесет дни след като напусна Доусън, пощата на Солената вода пристигна в Скагуей.

Buck and his teammates pulled the lead, arriving in pitiful condition.

Бък и съотборниците му поведоха, пристигайки в окаяно състояние.

Buck had dropped from one hundred forty to one hundred fifteen pounds.

Бък беше свалил от сто четиридесет на сто и петнадесет паунда.

The other dogs, though smaller, had lost even more body weight.

Другите кучета, макар и по-дребни, бяха загубили още повече телесно тегло.

Pike, once a fake limper, now dragged a truly injured leg behind him.

Пайк, някога фалшив куц, сега влачеше зад себе си наистина контузения си крак.

Solleks was limping badly, and Dub had a wrenched shoulder blade.

Солекс куцаше силно, а Дъб имаше изкълчена лопатка.

Every dog in the team was footsore from weeks on the frozen trail.

Всяко куче в екипа имаше болки в краката от седмиците по замръзналата пътека.

They had no spring left in their steps, only slow, dragging motion.

В стъпките им не остана никаква еластичност, само бавно, влачещо се движение.

Their feet hit the trail hard, each step adding more strain to their bodies.

Краката им стъпваха силно по пътеката, всяка стъпка добавяше все повече напрежение към телата им.

They were not sick, only drained beyond all natural recovery.

Те не бяха болни, а само изтощени до невъзстановимост.

This was not tiredness from one hard day, cured with a night's rest.

Това не беше умора от един тежък ден, излекувана с нощна почивка.

It was exhaustion built slowly through months of grueling effort.

Това беше изтощение, натрупвано бавно в продължение на месеци на изтощителни усилия.

No reserve strength remained—they had used up every bit they had.

Не им останаха никакви резервни сили — бяха изразходвали всичко, което имаха.

Every muscle, fiber, and cell in their bodies was spent and worn.

Всеки мускул, влакно и клетка в телата им бяха изтощени и износени.

And there was a reason—they had covered twenty-five hundred miles.

И имаше причина — бяха изминали двеста и петстотин мили.

They had rested only five days during the last eighteen hundred miles.

Бяха си починали само пет дни през последните хиляда и осемстотин мили.

When they reached Skaguay, they looked barely able to stand upright.

Когато стигнаха до Скагуей, те изглеждаха едва способни да стоят прави.

They struggled to keep the reins tight and stay ahead of the sled.

Те се мъчеха да държат юздите здраво и да останат пред шейната.

On downhill slopes, they only managed to avoid being run over.

По спускащите се склонове те успяваха само да избегнат да бъдат прегазени.

"March on, poor sore feet," the driver said as they limped along.

„Маршвайте напред, горките ви крака с болки в краката", каза шофьорът, докато куцаха напред.

"This is the last stretch, then we all get one long rest, for sure."

„Това е последният участък, след което всички ще си починем по една дълга почивка, със сигурност."

"One truly long rest," he promised, watching them stagger forward.

„Една наистина дълга почивка", обеща той, докато ги наблюдаваше как се олюляват напред.

The drivers expected they were going to now get a long, needed break.

Шофьорите очакваха, че сега ще получат дълга и необходима почивка.

They had traveled twelve hundred miles with only two days' rest.

Бяха изминали хиляда и двеста мили само с два дни почивка.

By fairness and reason, they felt they had earned time to relax.

Справедливостта и разумът бяха достатъчни, за да смятат, че са си заслужили време за почивка.

But too many had come to the Klondike, and too few had stayed home.

Но твърде много бяха дошли в Клондайк и твърде малко бяха останали вкъщи.

Letters from families flooded in, creating piles of delayed mail.

Писма от семейства заливаха, създавайки купища закъсняла поща.

Official orders arrived—new Hudson Bay dogs were going to take over.

Пристигнаха официални заповеди — нови кучета от залива Хъдсън щяха да поемат контрола.

The exhausted dogs, now called worthless, were to be disposed of.

Изтощените кучета, вече наричани безполезни, трябвало да бъдат унищожени.

Since money mattered more than dogs, they were going to be sold cheaply.

Тъй като парите имаха по-голямо значение от кучетата, те щяха да бъдат продадени евтино.

Three more days passed before the dogs felt just how weak they were.

Минаха още три дни, преди кучетата да усетят колко са слаби.

On the fourth morning, two men from the States bought the whole team.

На четвъртата сутрин двама мъже от Щатите купиха целия отбор.

The sale included all the dogs, plus their worn harness gear.

Продажбата включваше всички кучета, плюс износената им екипировка за хамути.

The men called each other "Hal" and "Charles" as they completed the deal.

Мъжете се наричаха един друг „Хал" и „Чарлз", докато сключваха сделката.

Charles was middle-aged, pale, with limp lips and fierce mustache tips.

Чарлз беше на средна възраст, блед, с отпуснати устни и буйни върхове на мустаци.

Hal was a young man, maybe nineteen, wearing a cartridge-stuffed belt.

Хал беше млад мъж, може би деветнадесетгодишен, носещ колан с патрони.

The belt held a big revolver and a hunting knife, both unused.

На колана имаше голям револвер и ловджийски нож, и двата неизползвани.

It showed how inexperienced and unfit he was for northern life.

Това показваше колко неопитен и негоден е бил за северния живот.

Neither man belonged in the wild; their presence defied all reason.

Нито един от двамата не принадлежеше към дивата природа; присъствието им не се поддаваше на всякакъв разум.

Buck watched as money exchanged hands between buyer and agent.

Бък наблюдаваше как парите се разменят между купувач и агент.

He knew the mail-train drivers were leaving his life like the rest.

Той знаеше, че машинистите на пощенските влакове напускат живота му като всички останали.

They followed Perrault and François, now gone beyond recall.

Те последваха Перо и Франсоа, вече изчезнали от паметта им.

Buck and the team were led to their new owners' sloppy camp.

Бък и екипът бяха отведени до небрежния лагер на новите им собственици.

The tent sagged, dishes were dirty, and everything lay in disarray.

Палатката беше провиснала, чиниите бяха мръсни и всичко лежеше в безпорядък.

Buck noticed a woman there too—Mercedes, Charles's wife and Hal's sister.

Бък забеляза и жена там — Мерседес, съпругата на Чарлз и сестрата на Хал.

They made a complete family, though far from suited to the trail.

Те бяха пълноценно семейство, макар и далеч
неподходящо за пътеката.

**Buck watched nervously as the trio started packing the
supplies.**

Бък наблюдаваше нервно как триото започва да опакова
провизиите.

**They worked hard but without order—just fuss and wasted
effort.**

Работеха усилено, но без ред — само суета и пропилени
усилия.

**The tent was rolled into a bulky shape, far too large for the
sled.**

Палатката беше навита в обемиста форма, твърде голяма
за шейната.

**Dirty dishes were packed without being cleaned or dried at
all.**

Мръсните чинии бяха опаковани, без изобщо да бъдат
почистени или подсушени.

**Mercedes fluttered about, constantly talking, correcting, and
meddling.**

Мерседес се суетеше наоколо, непрекъснато говореше,
поправяше и се месеше.

**When a sack was placed on front, she insisted it go on the
back.**

Когато отпред сложиха чувал, тя настоя да го сложат и
отзад.

**She packed the sack in the bottom, and the next moment she
needed it.**

Тя прибра чувала на дъното и в следващия момент й
потрябваше.

**So the sled was unpacked again to reach the one specific
bag.**

И така, шейната беше разопакована отново, за да стигне до
една-единствена чанта.

**Nearby, three men stood outside a tent, watching the scene
unfold.**

Наблизо трима мъже стояха пред палатка и наблюдаваха разгръщащата се сцена.

They smiled, winked, and grinned at the newcomers' obvious confusion.

Те се усмихнаха, намигнаха и се ухилиха на очевидното объркване на новодошлите.

"You've got a right heavy load already," said one of the men.

— Вече имаш доста тежък товар — каза един от мъжете.

"I don't think you should carry that tent, but it's your choice."

„Не мисля, че трябва да носиш тази палатка, но това е твой избор."

"Undreamed of!" cried Mercedes, throwing up her hands in despair.

„Несъзнаваемо!" – извика Мерседес и вдигна отчаяно ръце.

"How could I possibly travel without a tent to stay under?"

„Как бих могъл да пътувам без палатка, под която да спя?"

"It's springtime—you won't see cold weather again," the man replied.

„Пролет е — няма да видиш отново студено време", отвърна мъжът.

But she shook her head, and they kept piling items onto the sled.

Но тя поклати глава, а те продължиха да трупат предмети върху шейната.

The load towered dangerously high as they added the final things.

Товарът се извисяваше опасно високо, докато добавяха последните неща.

"Think the sled will ride?" asked one of the men with a skeptical look.

— Мислиш ли, че шейната ще се движи? — попита един от мъжете със скептичен поглед.

"Why shouldn't it?" Charles snapped back with sharp annoyance.

— Защо не? — отвърна сопнато Чарлз с остро раздразнение.

"Oh, that's all right," the man said quickly, backing away from offense.

— О, всичко е наред — каза бързо мъжът, отдръпвайки се от обидата.

"I was only wondering—it just looked a bit too top-heavy to me."

„Просто се чудех — на мен ми се стори малко прекалено тежко отгоре."

Charles turned away and tied down the load as best as he could.

Чарлз се обърна и завърза товара, колкото можеше по-добре.

But the lashings were loose and the packing poorly done overall.

Но въжетата бяха хлабави и опаковането като цяло беше лошо направено.

"Sure, the dogs will pull that all day," another man said sarcastically.

„Разбира се, кучетата ще дърпат това цял ден", каза саркастично друг мъж.

"Of course," Hal replied coldly, grabbing the sled's long gee-pole.

— Разбира се — отвърна студено Хал и сграбчи дългия прът за впрягване на шейната.

With one hand on the pole, he swung the whip in the other.

С едната си ръка на пръта, той замахна с камшика в другата.

"Let's go!" he shouted. "Move it!" urging the dogs to start.

„Хайде да тръгваме!", извика той. „Дръпнете се!", подканяйки кучетата да тръгнат.

The dogs leaned into the harness and strained for a few moments.

Кучетата се наведеха в хамута и се напрягаха няколко мига.

Then they stopped, unable to budge the overloaded sled an inch.

После спряха, неспособни да помръднат претоварената шейна и сантиметър.

"The lazy brutes!" Hal yelled, lifting the whip to strike them.

„Мързеливите зверове!" – извика Хал и вдигна камшика, за да ги удари.

But Mercedes rushed in and seized the whip from Hal's hands.

Но Мерседес се втурна и грабна камшика от ръцете на Хал.

"Oh, Hal, don't you dare hurt them," she cried in alarm.

— О, Хал, не смей да ги нараниш — извика тя разтревожено.

"Promise me you'll be kind to them, or I won't go another step."

„Обещай ми, че ще бъдеш мил с тях, иначе няма да направя нито крачка повече."

"You don't know a thing about dogs," Hal snapped at his sister.

— Ти не разбираш нищо от кучета — сопна се Хал на сестра си.

"They're lazy, and the only way to move them is to whip them."

„Те са мързеливи и единственият начин да ги преместиш е да ги биеш с камшик."

"Ask anyone—ask one of those men over there if you doubt me."

„Попитай когото и да е — попитай някой от онези мъже там, ако се съмняваш в мен."

Mercedes looked at the onlookers with pleading, tearful eyes.

Мерседес погледна минувачите с умоляващи, насълзени очи.

Her face showed how deeply she hated the sight of any pain.

Лицето й показваше колко дълбоко мрази гледката на каквато и да е болка.

"They're weak, that's all," one man said. "They're worn out."

„Слаби са, това е всичко", каза един мъж. „Изтощени са."

"They need rest—they've been worked too long without a break."

„Те имат нужда от почивка — работили са твърде дълго без почивка."

"Rest be cursed," Hal muttered with his lip curled.

— Проклет да е останалото — промърмори Хал със свита устна.

Mercedes gasped, clearly pained by the coarse word from him.

Мерседес ахна, очевидно наранена от грубата дума от негова страна.

Still, she stayed loyal and instantly defended her brother.

Въпреки това, тя остана лоялна и веднага защити брат си.

"Don't mind that man," she said to Hal. "They're our dogs."

— Не обръщай внимание на този човек — каза тя на Хал.
— Това са нашите кучета.

"You drive them as you see fit—do what you think is right."

„Караш ги както намериш за добре — прави това, което смяташ за правилно."

Hal raised the whip and struck the dogs again without mercy.

Хал вдигна камшика и отново удари кучетата безмилостно.

They lunged forward, bodies low, feet pushing into the snow.

Те се хвърлиха напред, телата им бяха ниско приведени, краката им забиха в снега.

All their strength went into the pull, but the sled wasn't moving.

Цялата им сила беше вложена в дърпането, но шейната не се движеше.

The sled stayed stuck, like an anchor frozen into the packed snow.

Шейната остана заседнала като котва, замръзнала в утъпкания сняг.

After a second effort, the dogs stopped again, panting hard.

След втори опит кучетата отново спряха, задъхани тежко.

Hal raised the whip once more, just as Mercedes interfered again.

Хал вдигна камшика още веднъж, точно когато Мерседес отново се намеси.

She dropped to her knees in front of Buck and hugged his neck.

Тя падна на колене пред Бък и го прегърна през врата.

Tears filled her eyes as she pleaded with the exhausted dog.

Сълзи напълниха очите й, докато умоляваше изтощеното куче.

"You poor dears," she said, "why don't you just pull harder?"

„Горките ми момичета", каза тя, „защо просто не дърпате по-силно?"

"If you pull, then you won't get to be whipped like this."

„Ако дърпаш, няма да те бият така."

Buck disliked Mercedes, but he was too tired to resist her now.

Бък не харесваше Мерседес, но беше твърде уморен, за да й се съпротивлява сега.

He accepted her tears as just another part of the miserable day.

Той прие сълзите й просто като още една част от нещастния ден.

One of the watching men finally spoke after holding back his anger.

Един от наблюдаващите мъже най-накрая проговори, след като сдържа гнева си.

"I don't care what happens to you folks, but those dogs matter."

„Не ме интересува какво ще се случи с вас, хора, но тези кучета са важни."

"If you want to help, break that sled loose —it's frozen to the snow."

„Ако искаш да помогнеш, скъсай шейната — замръзнала е до снега."

"Push hard on the gee-pole, right and left, and break the ice seal."

„Натисни силно пръта, надясно и наляво, и счупи ледения печат."

A third attempt was made, this time following the man's suggestion.

Направен е трети опит, този път по предложение на мъжа.

Hal rocked the sled from side to side, breaking the runners loose.

Хал разклати шейната от едната страна на другата, освобождавайки плъзгачите.

The sled, though overloaded and awkward, finally lurched forward.

Шейната, макар и претоварена и тромава, най-накрая се залюля напред.

Buck and the others pulled wildly, driven by a storm of whiplashes.

Бък и останалите дърпаха бясно, подтиквани от порой от камшични удари.

A hundred yards ahead, the trail curved and sloped into the street.

На стотина метра напред пътеката се извиваше и слизаше наклонено към улицата.

It was going to have taken a skilled driver to keep the sled upright.

Щеше да е нужен умел шофьор, за да държи шейната изправена.

Hal was not skilled, and the sled tipped as it swung around the bend.

Хал не беше умел и шейната се преобърна, докато се завърташе зад завоя.

Loose lashings gave way, and half the load spilled onto the snow.

Разхлабените въжета се скъсаха и половината товар се изсипа върху снега.

The dogs did not stop; the lighter sled flew along on its side.

Кучетата не спряха; по-леката шейна полетя настрани.

Angry from abuse and the heavy burden, the dogs ran faster.

Ядосани от малтретирането и тежкото бреме, кучетата хукнаха да бягат по-бързо.

Buck, in fury, broke into a run, with the team following behind.

Бък, разярен, се втурна да бяга, а впрягът го следваше.

Hal shouted "Whoa! Whoa!" but the team paid no attention to him.

Хал извика „Уау! Уау!", но екипът не му обърна внимание.

He tripped, fell, and was dragged along the ground by the harness.

Той се спъна, падна и беше влачен по земята от сбруята.

The overturned sled bumped over him as the dogs raced on ahead.

Преобърнатата шейна го прегази, докато кучетата препускаха напред.

The rest of the supplies scattered across Skaguay's busy street.

Останалите провизии се разпръснаха по оживената улица на Скагуей.

Kind-hearted people rushed to stop the dogs and gather the gear.

Добросърдечни хора се втурнаха да спрат кучетата и да съберат екипировката.

They also gave advice, blunt and practical, to the new travelers.

Те също така дадоха съвети, директни и практични, на новите пътешественици.

"If you want to reach Dawson, take half the load and double the dogs."

„Ако искаш да стигнеш до Доусън, вземи половината товар и удвои кучетата."

Hal, Charles, and Mercedes listened, though not with enthusiasm.

Хал, Чарлз и Мерседес слушаха, макар и не с ентусиазъм.

They pitched their tent and started sorting through their supplies.

Те опънаха палатката си и започнаха да сортират провизиите си.

Out came canned goods, which made onlookers laugh aloud.

Излязоха консервирани продукти, което накара минувачите да се смеят на глас.

**"Canned stuff on the trail? You'll starve before that melts,"
one said.**

„Консерви по пътеката? Ще умреш от глад, преди да се разтопят", каза единият.

"Hotel blankets? You're better off throwing them all out."

„Хотелски одеяла? По-добре е да ги изхвърлите всичките."

"Ditch the tent, too, and no one washes dishes here."

„Зарежи и палатката, и никой няма да мие чинии тук."

"You think you're riding a Pullman train with servants on board?"

„Мислите, че се возите във влак „Пулман" със слуги на борда?"

The process began—every useless item was tossed to the side.

Процесът започна — всеки безполезен предмет беше изхвърлен настрани.

Mercedes cried when her bags were emptied onto the snowy ground.

Мерседес се разплака, когато багажът ѝ беше изпразнен върху заснежената земя.

She sobbed over every item thrown out, one by one without pause.

Тя ридаеше над всеки изхвърлен предмет, един по един, без да спира.

She vowed not to go one more step—not even for ten Charleses.

Тя се закле да не прави нито крачка повече — дори за десет Чарлза.

She begged each person nearby to let her keep her precious things.

Тя умоляваше всеки човек наблизо да й позволи да запази ценните си вещи.

At last, she wiped her eyes and began tossing even vital clothes.

Накрая тя избърса очите си и започна да хвърля дори най-важните дрехи.

When done with her own, she began emptying the men's supplies.

Когато приключи със своите, тя започна да изпразва запасите на мъжете.

Like a whirlwind, she tore through Charles and Hal's belongings.

Като вихрушка тя разкъса вещите на Чарлз и Хал.

Though the load was halved, it was still far heavier than needed.

Въпреки че товарът беше намален наполовина, той все още беше много по-тежък от необходимото.

That night, Charles and Hal went out and bought six new dogs.

Същата вечер Чарлз и Хал излязоха и купиха шест нови кучета.

These new dogs joined the original six, plus Teek and Koona.

Тези нови кучета се присъединиха към първоначалните шест, плюс Тийк и Куна.

Together they made a team of fourteen dogs hitched to the sled.

Заедно те образуваха впряг от четиринадесет кучета, впрегнати в шейната.

But the new dogs were unfit and poorly trained for sled work.

Но новите кучета бяха негодни и лошо обучени за работа с шейна.

Three of the dogs were short-haired pointers, and one was a Newfoundland.

Три от кучетата бяха късокосмести пойнтерки, а едно беше нюфаундленд.

The final two dogs were mutts of no clear breed or purpose at all.

Последните две кучета бяха песове без ясна порода или предназначение.

They didn't understand the trail, and they didn't learn it quickly.

Те не разбираха пътеката и не я научиха бързо.

Buck and his mates watched them with scorn and deep irritation.

Бък и приятелите му ги наблюдаваха с презрение и дълбоко раздразнение.

Though Buck taught them what not to do, he could not teach duty.

Въпреки че Бък ги учеше какво да не правят, той не можеше да ги учи на дълг.

They didn't take well to trail life or the pull of reins and sleds.

Те не понасяха добре тегленето на влачени теглания или тегленето на юзди и шейни.

Only the mongrels tried to adapt, and even they lacked fighting spirit.

Само мелезите се опитаха да се адаптират, но дори и на тях им липсваше боен дух.

The other dogs were confused, weakened, and broken by their new life.

Другите кучета бяха объркани, отслабени и съсипани от новия си живот.

With the new dogs clueless and the old ones exhausted, hope was thin.

С новите кучета безпомощни и старите изтощени, надеждата беше слаба.

Buck's team had covered twenty-five hundred miles of harsh trail.

Екипът на Бък беше изминал двеста и петстотин мили по суров път.

Still, the two men were cheerful and proud of their large dog team.

Въпреки това двамата мъже бяха весели и горди с големия си кучешки впряг.

They thought they were traveling in style, with fourteen dogs hitched.

Те си мислеха, че пътуват със стил, с четиринадесет вързани кучета.

They had seen sleds leave for Dawson, and others arrive from it.

Бяха видели шейни да тръгват за Доусън, а други да пристигат оттам.

But never had they seen one pulled by as many as fourteen dogs.

Но никога не бяха виждали такова, теглено от четиринадесет кучета.

There was a reason such teams were rare in the Arctic wilderness.

Имаше причина подобни екипи да са рядкост в арктическата пустош.

No sled could carry enough food to feed fourteen dogs for the trip.

Никаква шейна не би могла да превози достатъчно храна, за да нахрани четиринадесет кучета за пътуването.

But Charles and Hal didn't know that—they had done the math.

Но Чарлз и Хал не знаеха това — те бяха направили сметките.

They penciled out the food: so much per dog, so many days, done.

Те начертаха храната: толкова на куче, толкова дни, готово.

Mercedes looked at their figures and nodded as if it made sense.

Мерседес погледна цифрите им и кимна, сякаш имаше смисъл.

It all seemed very simple to her, at least on paper.

Всичко й се струваше много просто, поне на хартия.

The next morning, Buck led the team slowly up the snowy street.

На следващата сутрин Бък бавно поведе впряга по заснежената улица.

There was no energy or spirit in him or the dogs behind him.

Нямаше нито енергия, нито дух нито в него, нито в кучетата зад него.

They were dead tired from the start—there was no reserve left.

Бяха смъртно уморени от самото начало — нямаше никакъв резерв.

Buck had made four trips between Salt Water and Dawson already.

Бък вече беше направил четири пътувания между Солт Уотър и Доусън.

Now, faced with the same trail again, he felt nothing but bitterness.

Сега, изправен отново пред същия път, той не чувстваше нищо друго освен горчивина.

His heart was not in it, nor were the hearts of the other dogs.

Неговото сърце не беше в това, нито пък сърцата на другите кучета.

The new dogs were timid, and the huskies lacked all trust.

Новите кучета бяха плахи, а хъскитата им липсваше всякакво доверие.

Buck sensed he could not rely on these two men or their sister.

Бък усещаше, че не може да разчита на тези двама мъже или на сестра им.

They knew nothing and showed no signs of learning on the trail.

Те не знаеха нищо и не показваха никакви признаци, че се учат по пътеката.

They were disorganized and lacked any sense of discipline.

Те бяха неорганизирани и им липсваше всякакво чувство за дисциплина.

It took them half the night to set up a sloppy camp each time.

Всеки път им отнемаше половин нощ, за да разпънат небрежния лагер.

And half the next morning they spent fumbling with the sled again.

И половината от следващата сутрин отново прекараха в игра с шейната.

By noon, they often stopped just to fix the uneven load.

Към обяд те често спираха само за да оправят неравномерния товар.

On some days, they traveled less than ten miles in total.

В някои дни те изминаваха общо по-малко от десет мили.

Other days, they didn't manage to leave camp at all.

В други дни изобщо не успяваха да напуснат лагера.

They never came close to covering the planned food-distance.

Те така и не се доближиха до покриването на планираното разстояние за храна.

As expected, they ran short on food for the dogs very quickly.

Както се очакваше, храната за кучетата им свърши много бързо.

They made matters worse by overfeeding in the early days.

Те влошиха нещата, като прехранваха в началото.

This brought starvation closer with every careless ration.

Това приближаваше глада с всяка небрежна дажба.

The new dogs had not learned to survive on very little.

Новите кучета не се бяха научили да оцеляват с много малко храна.

They ate hungrily, with appetites too large for the trail.
Те ядяха гладно, с апетит, твърде голям за пътеката.

Seeing the dogs weaken, Hal believed the food wasn't enough.
Виждайки как кучетата отслабват, Хал повярва, че храната не е достатъчна.

He doubled the rations, making the mistake even worse.
Той удвои дажбите, с което направи грешката още по-лоша.

Mercedes added to the problem with tears and soft pleading.
Мерседес допълнително задълбочи проблема със сълзи и тихи молби.

When she couldn't convince Hal, she fed the dogs in secret.
Когато не успя да убеди Хал, тя тайно нахрани кучетата.

She stole from the fish sacks and gave it to them behind his back.
Тя открадна от чувалите с риба и им я даде зад гърба му.

But what the dogs truly needed wasn't more food—it was rest.
Но това, от което кучетата наистина се нуждаеха, не беше повече храна, а почивка.

They were making poor time, but the heavy sled still dragged on.
Движеха се слабо, но тежката шейна все още се влачеше.

That weight alone drained their remaining strength each day.
Само тази тежест изтощаваше останалите им сили всеки ден.

Then came the stage of underfeeding as the supplies ran low.
След това дойде етапът на недохранване, тъй като запасите свършиха.

Hal realized one morning that half the dog food was already gone.
Една сутрин Хал осъзна, че половината кучешка храна вече е свършила.

They had only traveled a quarter of the total trail distance.

Бяха изминали само една четвърт от общото разстояние на пътеката.

No more food could be bought, no matter what price was offered.

Не можеше да се купи повече храна, независимо каква цена се предлагаше.

He reduced the dogs' portions below the standard daily ration.

Той намали порциите на кучетата под стандартната дневна дажба.

At the same time, he demanded longer travel to make up for loss.

В същото време той поиска по-дълго пътуване, за да компенсира загубата.

Mercedes and Charles supported this plan, but failed in execution.

Мерседес и Шарл подкрепиха този план, но не успяха да го изпълнят.

Their heavy sled and lack of skill made progress nearly impossible.

Тежката им шейна и липсата на умения правеха напредъка почти невъзможен.

It was easy to give less food, but impossible to force more effort.

Беше лесно да се даде по-малко храна, но невъзможно да се наложи да се положат повече усилия.

They couldn't start early, nor could they travel for extra hours.

Не можеха да започнат рано, нито пък можеха да пътуват за допълнителни часове.

They didn't know how to work the dogs, nor themselves, for that matter.

Те не знаеха как да работят с кучетата, нито пък със самите себе си, впрочем.

The first dog to die was Dub, the unlucky but hardworking thief.

Първото куче, което умря, беше Дъб, нещастният, но трудолюбив крадец.

Though often punished, Dub had pulled his weight without complaint.

Въпреки че често беше наказван, Дъб се справяше с тежестта си без оплаквания.

His injured shoulder grew worse without care or needed rest.

Контузеното му рамо се влошаваше без грижи или нужда от почивка.

Finally, Hal used the revolver to end Dub's suffering.

Накрая Хал използва револвера, за да сложи край на страданията на Дъб.

A common saying claimed that normal dogs die on husky rations.

Една често срещана поговорка гласи, че нормалните кучета умират от дажби на хъски.

Buck's six new companions had only half the husky's share of food.

Шестимата нови спътници на Бък имаха само половината от храната, която хъските получаваше.

The Newfoundland died first, then the three short-haired pointers.

Нюфаундлендът умря първи, след това трите късокосмести пойнтерки.

The two mongrels held on longer but finally perished like the rest.

Двете мелези се задържаха по-дълго, но накрая загинаха като останалите.

By this time, all the amenities and gentleness of the Southland were gone.

По това време всички удобства и нежност на Южната земя бяха изчезнали.

The three people had shed the last traces of their civilized upbringing.

Тримата души бяха се отървали от последните следи от цивилизованото си възпитание.

Stripped of glamour and romance, Arctic travel became brutally real.

Лишено от блясък и романтика, арктическото пътуване стана брутално реално.

It was a reality too harsh for their sense of manhood and womanhood.

Това беше реалност, твърде сурова за тяхното чувство за мъжественост и женственост.

Mercedes no longer wept for the dogs, but now wept only for herself.

Мерседес вече не плачеше за кучетата, а сега плачеше само за себе си.

She spent her time crying and quarreling with Hal and Charles.

Тя прекарваше времето си в плач и караници с Хал и Чарлз.

Quarreling was the one thing they were never too tired to do.

Караниците бяха единственото нещо, за което никога не се уморяваха.

Their irritability came from misery, grew with it, and surpassed it.

Раздразнителността им идваше от нещастието, нарастваше заедно с него и го надминаваше.

The patience of the trail, known to those who toil and suffer kindly, never came.

Търпението на пътя, познато на онези, които се трудят и страдат с доброта, никога не дойде.

That patience, which keeps speech sweet through pain, was unknown to them.

Това търпение, което запазва речта сладка въпреки болката, им беше непознато.

They had no hint of patience, no strength drawn from suffering with grace.

Те нямаха и следа от търпение, никаква сила, извлечена от страданието с благодат.

They were stiff with pain—aching in their muscles, bones, and hearts.

Те бяха сковани от болка – боляха ги мускулите, костите и сърцата.

Because of this, they grew sharp of tongue and quick with harsh words.

Поради това те станаха остри на езика си и бързи в грубите думи.

Each day began and ended with angry voices and bitter complaints.

Всеки ден започваше и завършваше с гневни гласове и горчиви оплаквания.

Charles and Hal wrangled whenever Mercedes gave them a chance.

Чарлз и Хал се караха всеки път, когато Мерцедес им даваше шанс.

Each man believed he did more than his fair share of the work.

Всеки мъж вярваше, че е свършил повече от полагащия му се дял от работата.

Neither ever missed a chance to say so, again and again.

Нито един от двамата не пропускаше възможност да го каже, отново и отново.

Sometimes Mercedes sided with Charles, sometimes with Hal.

Понякога Мерседес заставаше на страната на Чарлз, понякога на Хал.

This led to a grand and endless quarrel among the three.

Това доведе до голяма и безкрайна кавга между тримата.

A dispute over who should chop firewood grew out of control.

Спорът за това кой трябва да цепи дърва за огрев излезе извън контрол.

Soon, fathers, mothers, cousins, and dead relatives were named.

Скоро бяха посочени имената на бащи, майки, братовчеди и починали роднини.

Hal's views on art or his uncle's plays became part of the fight.

Възгледите на Хал за изкуството или пиесите на чичо му станаха част от борбата.

Charles's political beliefs also entered the debate.

Политическите убеждения на Чарлз също бяха включени в дебата.

To Mercedes, even her husband's sister's gossip seemed relevant.

За Мерседес дори клюките на сестрата на съпруга ѝ изглеждаха уместни.

She aired opinions on that and on many of Charles's family's flaws.

Тя изрази мнение по този въпрос, както и по много от недостатъците на семейството на Чарлз.

While they argued, the fire stayed unlit and camp half set.

Докато спореха, огънят остана незапален, а лагерът наполовина изгорен.

Meanwhile, the dogs remained cold and without any food.

Междувременно кучетата останаха премръзнали и без никаква храна.

Mercedes held a grievance she considered deeply personal.

Мерседес таеше оплакване, което смяташе за дълбоко лично.

She felt mistreated as a woman, denied her gentle privileges.

Тя се чувстваше малтретирана като жена, лишена от привилегиите си за благородни качества.

She was pretty and soft, and used to chivalry all her life.

Тя беше красива и нежна и свикнала с рицарство през целия си живот.

But her husband and brother now treated her with impatience.

Но съпругът ѝ и брат ѝ сега се отнасяха с нетърпение към нея.

Her habit was to act helpless, and they began to complain.

Тя имаше навик да се държи безпомощно и те започнаха да се оплакват.

Offended by this, she made their lives all the more difficult.
Обидена от това, тя направи живота им още по-труден.

She ignored the dogs and insisted on riding the sled herself.
Тя игнорира кучетата и настоя сама да се качи на шейната.

Though light in looks, she weighed one hundred twenty pounds.
Въпреки че изглеждаше лека, тя тежеше сто и двадесет килограма.

That added burden was too much for the starving, weak dogs.
Това допълнително бреме беше твърде голямо за гладуващите, слаби кучета.

Still, she rode for days, until the dogs collapsed in the reins.
Въпреки това тя яздеше дни наред, докато кучетата не се сринаха под юздите.

The sled stood still, and Charles and Hal begged her to walk.
Шейната спря неподвижно, а Чарлз и Хал я помолиха да върви пеша.

They pleaded and entreated, but she wept and called them cruel.
Те я умоляваха и молеха, но тя плачеше и ги наричаше жестоки.

On one occasion, they pulled her off the sled with sheer force and anger.
Веднъж те я издърпали от шейната с чиста сила и гняв.

They never tried again after what happened that time.
Те никога повече не опитаха след случилото се тогава.

She went limp like a spoiled child and sat in the snow.
Тя се отпусна като разглезено дете и седна в снега.

They moved on, but she refused to rise or follow behind.
Те продължиха, но тя отказа да стане или да ги последва.

After three miles, they stopped, returned, and carried her back.
След три мили те спряха, върнаха се и я отнесоха обратно.

They reloaded her onto the sled, again using brute strength.

Те я претовариха на шейната, отново използвайки груба сила.

In their deep misery, they were callous to the dogs' suffering.

В дълбоката си мизерия те бяха безчувствени към страданието на кучетата.

Hal believed one must get hardened and forced that belief on others.

Хал вярваше, че човек трябва да се закоравее и налагаше това убеждение на другите.

He first tried to preach his philosophy to his sister

Първоначално се опитал да проповядва философията си на сестра си

and then, without success, he preached to his brother-in-law.

и след това, без успех, той проповядвал на зет си.

He had more success with the dogs, but only because he hurt them.

Той имаше по-голям успех с кучетата, но само защото ги нараняваше.

At Five Fingers, the dog food ran out of food completely.

Във Five Fingers храната за кучета свърши напълно.

A toothless old squaw sold a few pounds of frozen horse-hide

Една беззъба стара индианка продаде няколко килограма замразена конска кожа

Hal traded his revolver for the dried horse-hide.

Хал размени револвера си за изсушената конска кожа.

The meat had come from starved horses of cattlemen months before.

Месото беше дошло от гладни коне на говедари месеци по-рано.

Frozen, the hide was like galvanized iron; tough and inedible.

Замръзнала, кожата беше като поцинковано желязо; жилава и негодна за консумация.

The dogs had to chew endlessly at the hide to eat it.

Кучетата трябваше безкрайно да дъвчат кожата, за да я изядат.

But the leathery strings and short hair were hardly nourishment.

Но кожестите кичури и късата коса едва ли бяха храна.

Most of the hide was irritating, and not food in any true sense.

По-голямата част от кожата беше дразнеща и не беше храна в истинския смисъл на думата.

And through it all, Buck staggered at the front, like in a nightmare.

И през всичко това Бък се олюляваше отпред, като в кошмар.

He pulled when able; when not, he lay until whip or club raised him.

Дърпаше, когато можеше; когато не можеше, лежеше, докато камшик или тояга не го повдигнат.

His fine, glossy coat had lost all stiffness and sheen it once had.

Фината му, лъскава козина беше загубила всякаква твърдост и блясък, които някога имаше.

His hair hung limp, draggled, and clotted with dried blood from the blows.

Косата му висеше отпусната, разрошена и съсирена от засъхнала кръв от ударите.

His muscles shrank to cords, and his flesh pads were all worn away.

Мускулите му се свиха на жила, а плътта му беше износена.

Each rib, each bone showed clearly through folds of wrinkled skin.

Всяко ребро, всяка кост се виждаше ясно през гънките на набръчкана кожа.

It was heartbreaking, yet Buck's heart could not break.

Беше сърцераздирателно, но сърцето на Бък не можеше да се разбие.

The man in the red sweater had tested that and proved it long ago.

Мъжът с червения пуловер го беше изпробвал и доказал отдавна.

As it was with Buck, so it was with all his remaining teammates.

Както беше с Бък, така беше и с всичките му останали съотборници.

There were seven in total, each one a walking skeleton of misery.

Бяха общо седем, всеки един от които беше ходещ скелет на мизерия.

They had grown numb to lash, feeling only distant pain.

Бяха изтръпнали от удари с камшик, усещайки само далечна болка.

Even sight and sound reached them faintly, as through a thick fog.

Дори зрението и звукът достигаха до тях слабо, сякаш през гъста мъгла.

They were not half alive—they were bones with dim sparks inside.

Те не бяха полуживи — бяха кости с бледи искри вътре.

When stopped, they collapsed like corpses, their sparks almost gone.

Когато бяха спрени, те се сринаха като трупове, искрите им почти изчезнаха.

And when the whip or club struck again, the sparks fluttered weakly.

И когато камшикът или тоягата удариха отново, искрите прехвърчаха слабо.

Then they rose, staggered forward, and dragged their limbs ahead.

След това се изправиха, залитнаха напред и завлякоха крайниците си напред.

One day kind Billee fell and could no longer rise at all.

Един ден добрият Били падна и вече изобщо не можеше да се изправи.

Hal had traded his revolver, so he used an axe to kill Billee instead.

Хал беше разменил револвера си, затова вместо това уби Били с брадва.

He struck him on the head, then cut his body free and dragged it away.

Той го удари по главата, след което разряза тялото му и го завляко.

Buck saw this, and so did the others; they knew death was near.

Бък видя това, както и останалите; те знаеха, че смъртта е близо.

Next day Koona went, leaving just five dogs in the starving team.

На следващия ден Куна си тръгна, оставяйки само пет кучета в гладуващия впряг.

Joe, no longer mean, was too far gone to be aware of much at all.

Джо, вече не злобен, беше твърде напреднал, за да осъзнава каквото и да било.

Pike, no longer faking his injury, was barely conscious.

Пайк, вече не преструвайки се на ранения си, едва беше в съзнание.

Solleks, still faithful, mourned he had no strength to give.

Солекс, все още верен, скърбеше, че няма сила, която да даде.

Teek was beaten most because he was fresher, but fading fast.

Тийк беше най-победен, защото беше по-свеж, но бързо отслабваше.

And Buck, still in the lead, no longer kept order or enforced it.

И Бък, все още начело, вече не поддържаше реда, нито го налагаше.

Half blind with weakness, Buck followed the trail by feel alone.

Полусляп от слабост, Бък следваше следата единствено по навик.

It was beautiful spring weather, but none of them noticed it.

Беше прекрасно пролетно време, но никой от тях не го забеляза.

Each day the sun rose earlier and set later than before.

Всеки ден слънцето изгряваше по-рано и залязваше по-късно от преди.

By three in the morning, dawn had come; twilight lasted till nine.

Към три часа сутринта се зазори; здрачът продължи до девет.

The long days were filled with the full blaze of spring sunshine.

Дългите дни бяха изпълнени с ярката пролетна слънчева светлина.

The ghostly silence of winter had changed into a warm murmur.

Призрачната тишина на зимата се беше превърнала в топъл шепот.

All the land was waking, alive with the joy of living things.

Цялата земя се пробуждаше, оживяваше от радостта на живите същества.

The sound came from what had lain dead and still through winter.

Звукът идваше от нещо, което беше лежало мъртво и неподвижно през зимата.

Now, those things moved again, shaking off the long frost sleep.

Сега тези неща се раздвижиха отново, отърсвайки се от дългия мразовит сън.

Sap was rising through the dark trunks of the waiting pine trees.

Сок се издигаше през тъмните стволове на чакащите борове.

Willows and aspens burst out bright young buds on each twig.

Върби и трепетлики пускат ярки млади пъпки на всяка клонка.

Shrubs and vines put on fresh green as the woods came alive.

Храсти и лози се раззелениха, докато горите оживяваха.

Crickets chirped at night, and bugs crawled in daylight sun.

Щурци цвърчаха през нощта, а буболечки пълзяха под дневната светлина.

Partridges boomed, and woodpeckers knocked deep in the trees.

Яребици бучаха, а кълвачи чукаха дълбоко в дърветата.

Squirrels chattered, birds sang, and geese honked over the dogs.

Катерици бъбреха, птици пееха, а гъски клатушкаха над кучетата.

The wild-fowl came in sharp wedges, flying up from the south.

Дивите птици идваха на остри клинове, прелитайки от юг.

From every hillside came the music of hidden, rushing streams.

От всеки хълм се чуваше музиката на скрити, бързеещи потоци.

All things thawed and snapped, bent and burst back into motion.

Всичко се размрази, счупи се, огъна се и отново се задвижи.

The Yukon strained to break the cold chains of frozen ice.

Юкон се напрягаше да разкъса студените вериги от замръзнал лед.

The ice melted underneath, while the sun melted it from above.

Ледът се топеше отдолу, докато слънцето го топеше отгоре.

Air-holes opened, cracks spread, and chunks fell into the river.

Отвориха се въздушни отвори, пукнатини се разпространиха и парчета паднаха в реката.

Amid all this bursting and blazing life, the travelers staggered.

Сред целия този кипящ и пламтящ живот, пътниците се олюляваха.

Two men, a woman, and a pack of huskies walked like the dead.

Двама мъже, една жена и глутница хъскита вървяха като мъртви.

The dogs were falling, Mercedes wept, but still rode the sled.

Кучетата падаха, Мерседес плачеше, но все пак яздеше шейната.

Hal cursed weakly, and Charles blinked through watering eyes.

Хал изруга слабо, а Чарлз премигна през насълзени очи.

They stumbled into John Thornton's camp by White River's mouth.

Те се натъкнаха на лагера на Джон Торнтън край устието на Бялата река.

When they stopped, the dogs dropped flat, as if all struck dead.

Когато спряха, кучетата се отпуснаха по пода, сякаш всички бяха поразени мъртви.

Mercedes wiped her tears and looked across at John Thornton.

Мерседес избърса сълзите си и погледна към Джон Торнтън.

Charles sat on a log, slowly and stiffly, aching from the trail.

Чарлз седеше на един дънер, бавно и сковано, болен от пътеката.

Hal did the talking as Thornton carved the end of an axe-handle.

Хал говореше, докато Торнтън издълбаваше края на дръжката на брадва.

He whittled birch wood and answered with brief, firm replies.

Той цепеше брезова дървесина и отговаряше с кратки, твърди отговори.

When asked, he gave advice, certain it wasn't going to be followed.

Когато го попитаха, той даде съвет, сигурен, че няма да бъде последван.

Hal explained, "They told us the trail ice was dropping out."

Хал обясни: „Казаха ни, че ледът на пътеката се топи."

"They said we should stay put—but we made it to White River."

„Казаха, че трябва да си останем тук, но стигнахме до Уайт Ривър."

He ended with a sneering tone, as if to claim victory in hardship.

Той завърши с подигравателен тон, сякаш претендираше за победа в трудностите.

"And they told you true," John Thornton answered Hal quietly.

— И те ти казаха истината — тихо отговори Джон Торнтън на Хал.

"The ice may give way at any moment—it's ready to drop out."

„Ледът може да се счупи всеки момент — готов е да се разпадне."

"Only blind luck and fools could have made it this far alive."

„Само сляп късмет и глупаци биха могли да стигнат дотук живи."

"I tell you straight, I wouldn't risk my life for all Alaska's gold."

„Казвам ти директно, не бих рискувал живота си за цялото злато на Аляска."

"That's because you're not a fool, I suppose," Hal answered.

— Предполагам, че е защото не си глупак — отвърна Хал.

"All the same, we'll go on to Dawson." He uncoiled his whip.

— Все пак ще продължим към Доусън. — Той размота камшика си.

"Get up there, Buck! Hi! Get up! Go on!" he shouted harshly.

„Качвай се горе, Бък! Здравей! Ставай! Хайде!" – извика той грубо.

Thornton kept whittling, knowing fools won't hear reason.

Торнтън продължи да резбострува, знаейки, че глупаците не искат да чуят разум.

To stop a fool was futile—and two or three fooled changed nothing.

Да спреш един глупак беше безполезно — а двама или трима заблудени не променяха нищо.

But the team didn't move at the sound of Hal's command.

Но екипът не помръдна при звука на командата на Хал.

By now, only blows could make them rise and pull forward.

Досега само удари можеха да ги накарат да се изправят и да продължат напред.

The whip snapped again and again across the weakened dogs.

Камшикът щракаше отново и отново по отслабените кучета.

John Thornton pressed his lips tightly and watched in silence.

Джон Торнтън стисна здраво устни и наблюдаваше мълчаливо.

Solleks was the first to crawl to his feet under the lash.

Солекс пръв се изправи на крака под камшика.

Then Teek followed, trembling. Joe yelped as he stumbled up.

После Тийк го последва, трепереш. Джо извика, докато се изправяше на крака.

Pike tried to rise, failed twice, then finally stood unsteadily.

Пайк се опита да се изправи, не успя два пъти и най-накрая се изправи нестабилно.

But Buck lay where he had fallen, not moving at all this time.

Но Бък лежеше там, където беше паднал, този път изобщо не помръдвайки.

The whip slashed him over and over, but he made no sound.

Камшикът го удряше отново и отново, но той не издаде никакъв звук.

He did not flinch or resist, simply remained still and quiet.

Той не трепна, нито се съпротивляваше, просто остана неподвижен и мълчалив.

Thornton stirred more than once, as if to speak, but didn't.

Торнтън се размърда няколко пъти, сякаш да проговори, но не го направи.

His eyes grew wet, and still the whip cracked against Buck.

Очите му се намокриха, а камшикът продължаваше да пляска по Бък.

At last, Thornton began pacing slowly, unsure of what to do.

Най-накрая Торнтън започна бавно да крачи, несигурен какво да прави.

It was the first time Buck had failed, and Hal grew furious.

Това беше първият път, когато Бък се провали, и Хал се вбеси.

He threw down the whip and picked up the heavy club instead.

Той хвърли камшика и вместо това взе тежката тояга.

The wooden club came down hard, but Buck still did not rise to move.

Дървената тояга се стовари силно, но Бък все още не се изправи, за да помръдне.

Like his teammates, he was too weak—but more than that.

Подобно на съотборниците си, той беше твърде слаб - но нещо повече от това.

Buck had decided not to move, no matter what came next.

Бък беше решил да не помръдва, независимо какво щеше да се случи по-нататък.

He felt something dark and certain hovering just ahead.

Той усети нещо тъмно и сигурно да се носи точно пред него.

That dread had seized him as soon as he reached the riverbank.

Този ужас го обзе веднага щом стигна брега на реката.

The feeling had not left him since he felt the ice thin under his paws.

Чувството не го беше напускало, откакто усети как ледът под лапите му е тънък.

Something terrible was waiting—he felt it just down the trail.

Нещо ужасно го чакаше — той го усещаше чак по пътеката.

He wasn't going to walk towards that terrible thing ahead

Той нямаше да върви към това ужасно нещо напред.

He was not going to obey any command that took him to that thing.

Той нямаше да се подчини на никаква заповед, която да го доведе до това нещо.

The pain of the blows hardly touched him now—he was too far gone.

Болката от ударите почти не го докосваше сега — беше твърде изтощен.

The spark of life flickered low, dimmed beneath each cruel strike.

Искрата на живота трептеше слабо, приглушена под всеки жесток удар.

His limbs felt distant; his whole body seemed to belong to another.

Крайниците му се усещаха далечни; цялото му тяло сякаш принадлежеше на друг.

He felt a strange numbness as the pain faded out completely.

Той почувства странно изтръпване, когато болката отшумя напълно.

From far away, he sensed he was being beaten, but barely knew.

Отдалеч усещаше, че го бият, но едва го осъзнаваше.

He could hear the thuds faintly, but they no longer truly hurt.

Той чуваше едва доловимите удари, но те вече не го боляха истински.

The blows landed, but his body no longer seemed like his own.

Ударите се усещаха, но тялото му вече не изглеждаше като негово собствено.

Then suddenly, without warning, John Thornton gave a wild cry.

Тогава изведнъж, без предупреждение, Джон Торнтън нададе див вик.

It was inarticulate, more the cry of a beast than of a man.

Беше нечленоразделен, по-скоро вик на звяр, отколкото на човек.

He leapt at the man with the club and knocked Hal backward.

Той скочи върху мъжа с тоягата и събори Хал назад.

Hal flew as if struck by a tree, landing hard upon the ground.

Хал полетя сякаш ударен от дърво, и се приземи тежко на земята.

Mercedes screamed aloud in panic and clutched at her face.

Мерседес изкрещя панически и се хвана за лицето си.

Charles only looked on, wiped his eyes, and stayed seated.

Чарлз само наблюдаваше, избърса очите си и остана седнал.

His body was too stiff with pain to rise or help in the fight.

Тялото му беше твърде сковано от болка, за да се изправи или да помогне в битката.

Thornton stood over Buck, trembling with fury, unable to speak.

Торнтън стоеше над Бък, треперещ от ярост, неспособен да проговори.

He shook with rage and fought to find his voice through it.

Той трепереше от ярост и се мъчеше да намери гласа си през нея.

"If you strike that dog again, I'll kill you," he finally said.

„Ако удариш това куче още веднъж, ще те убия", каза той най-накрая.

Hal wiped blood from his mouth and came forward again.

Хал избърса кръвта от устата си и отново пристъпи напред.

"It's my dog," he muttered. "Get out of the way, or I'll fix you."

— Кучето ми е — промърмори той. — Махни се от пътя, или ще те оправя.

"I'm going to Dawson, and you're not stopping me," he added.

„Отивам в Доусън и ти няма да ме спреш", добави той.

Thornton stood firm between Buck and the angry young man.

Торнтън стоеше твърдо между Бък и ядосания млад мъж.

He had no intention of stepping aside or letting Hal pass.

Нямаше намерение да се отдръпне или да пропусне Хал.

Hal pulled out his hunting knife, long and dangerous in hand.

Хал извади ловния си нож, дълъг и опасен в ръката си.

Mercedes screamed, then cried, then laughed in wild hysteria.

Мерседес крещеше, после плака, после се смееше диво истерично.

Thornton struck Hal's hand with his axe-handle, hard and fast.

Торнтън удари ръката на Хал с дръжката на брадвата си, силно и бързо.

The knife was knocked loose from Hal's grip and flew to the ground.

Ножът се изхвърча от хватката на Хал и полетя на земята.

Hal tried to pick the knife up, and Thornton rapped his knuckles again.

Хал се опита да вдигне ножа, а Торнтън отново почука по кокалчетата на пръстите си.

Then Thornton stooped down, grabbed the knife, and held it.

Тогава Торнгън се наведе, грабна ножа и го задържа.

With two quick chops of the axe-handle, he cut Buck's reins.

С два бързи удара с дръжката на брадвата той преряза юздите на Бък.

Hal had no fight left in him and stepped back from the dog.

Хал не можеше да се бори повече и се отдръпна от кучето.

Besides, Mercedes needed both arms now to keep her upright.

Освен това, Мерседес вече се нуждаеше от двете си ръце, за да се държи изправена.

Buck was too near death to be of use for pulling a sled again.

Бък беше твърде близо до смъртта, за да може отново да тегли шейна.

A few minutes later, they pulled out, heading down the river.

Няколко минути по-късно те потеглиха и се отправиха надолу по реката.

Buck raised his head weakly and watched them leave the bank.

Бък вдигна слабо глава и ги наблюдаваше как напускат банката.

Pike led the team, with Solleks at the rear in the wheel spot.

Пайк поведе отбора, а Солекс беше отзад на мястото на кормилото.

Joe and Teek walked between, both limping with exhaustion.

Джо и Тийк вървяха между тях, и двамата куцайки от изтощение.

Mercedes sat on the sled, and Hal gripped the long gee-pole.

Мерседес седеше на шейната, а Хал стискаше дългия прът за впряг.

Charles stumbled behind, his steps clumsy and uncertain.

Чарлз се препъваше назад, стъпките му бяха тромави и несигурни.

Thornton knelt by Buck and gently felt for broken bones.

Торнтън коленичи до Бък и внимателно опипа за счупени кости.

His hands were rough but moved with kindness and care.

Ръцете му бяха груби, но движени с доброта и грижа.

Buck's body was bruised but showed no lasting injury.

Тялото на Бък беше насинено, но не показваше трайни наранявания.

What remained was terrible hunger and near-total weakness.

Това, което остана, беше ужасен глад и почти пълна слабост.

By the time this was clear, the sled had gone far downriver.

Докато това се разчисти, шейната беше отишла далеч надолу по реката.

Man and dog watched the sled slowly crawl over the cracking ice.

Човек и куче наблюдаваха как шейната бавно пълзи по напукания лед.

Then, they saw the sled sink down into a hollow.

Тогава видяха как шейната потъва в една вдлъбнатина.

The gee-pole flew up, with Hal still clinging to it in vain.

Въртящият прът полетя нагоре, а Хал все още се държеше напразно за него.

Mercedes's scream reached them across the cold distance.

Викът на Мерседес ги достигна през студеното разстояние.

Charles turned and stepped back — but he was too late.

Чарлз се обърна и отстъпи назад — но беше твърде късно.

A whole ice sheet gave way, and they all dropped through.

Цяла ледена покривка се поддаде и всички те пропаднаха.

Dogs, sled, and people vanished into the black water below.

Кучета, шейни и хора изчезнаха в черната вода долу.

Only a wide hole in the ice was left where they had passed.

Само широка дупка в леда беше останала там, където бяха минали.

The trail's bottom had dropped out — just as Thornton warned.

Долната част на пътеката се беше сринала — точно както Торнтън предупреди.

Thornton and Buck looked at one another, silent for a moment.

Торнтън и Бък се спогледаха и замълчаха за момент.

"You poor devil," said Thornton softly, and Buck licked his hand.

— Горкият дяволче — каза тихо Торнтън и Бък облиза ръката му.

For the Love of a Man
Заради любовта на един мъж

John Thornton froze his feet in the cold of the previous December.

Джон Торнтън си измръзна краката в студа на предходния декември.

His partners made him comfortable and left him to recover alone.

Партньорите му го настаниха удобно и го оставиха да се възстанови сам.

They went up the river to gather a raft of saw-logs for Dawson.

Те се отправиха нагоре по реката, за да съберат сал с дървени трупи за Доусън.

He was still limping slightly when he rescued Buck from death.

Той все още леко куцаше, когато спаси Бък от смърт.

But with warm weather continuing, even that limp disappeared.

Но с продължаващото топло време, дори това куцане изчезна.

Lying by the riverbank during long spring days, Buck rested.

Лежейки край брега на реката през дългите пролетни дни, Бък си почиваше.

He watched the flowing water and listened to birds and insects.

Той наблюдаваше течащата вода и слушаше птици и насекоми.

Slowly, Buck regained his strength under the sun and sky.

Бавно Бък възвърна силите си под слънцето и небето.

A rest felt wonderful after traveling three thousand miles.

Почивката беше прекрасно усещане след изминаване на три хиляди мили.

Buck became lazy as his wounds healed and his body filled out.

Бък стана мързелив, докато раните му заздравяваха и тялото му се изпълваше.

His muscles grew firm, and flesh returned to cover his bones.

Мускулите му се стегнаха и плътта отново покри костите му.

They were all resting—Buck, Thornton, Skeet, and Nig.

Всички си почиваха — Бък, Торнтън, Скийт и Ниг.

They waited for the raft that was going to carry them down to Dawson.

Те чакаха сала, който щеше да ги отведе до Доусън.

Skeet was a small Irish setter who made friends with Buck.

Скийт беше малък ирландски сетер, който се сприятели с Бък.

Buck was too weak and ill to resist her at their first meeting.

Бък беше твърде слаб и болен, за да ѝ се съпротивлява при първата им среща.

Skeet had the healer trait that some dogs naturally possess.

Скийт притежаваше лечителската черта, която някои кучета естествено притежават.

Like a mother cat, she licked and cleaned Buck's raw wounds.

Като майка котка, тя облизваше и почистваше разранените рани на Бък.

Every morning after breakfast, she repeated her careful work.

Всяка сутрин след закуска тя повтаряше старателната си работа.

Buck came to expect her help as much as he did Thornton's.

Бък очакваше нейната помощ толкова, колкото и тази на Торнтън.

Nig was friendly too, but less open and less affectionate.

Ниг също беше дружелюбен, но по-малко открит и по-малко привързан.

Nig was a big black dog, part bloodhound and part deerhound.

Ниг беше голямо черно куче, наполовина хрътка, наполовина диърхаунд.

He had laughing eyes and endless good nature in his spirit.
Той имаше смеещи се очи и безкрайна доброта в духа си.

To Buck's surprise, neither dog showed jealousy toward him.
За изненада на Бък, нито едно от кучетата не показа ревност към него.

Both Skeet and Nig shared the kindness of John Thornton.
И Скийт, и Ниг споделяха добротата на Джон Торнтън.

As Buck got stronger, they lured him into foolish dog games.
Докато Бък ставаше все по-силен, те го примамваха в глупави кучешки игри.

Thornton often played with them too, unable to resist their joy.
Торнтън също често играеше с тях, неспособен да устои на радостта им.

In this playful way, Buck moved from illness to a new life.
По този игрив начин Бък премина от болестта към нов живот.

Love—true, burning, and passionate love—was his at last.
Любовта — истинска, пламенна и страстна любов — най-накрая беше негова.

He had never known this kind of love at Miller's estate.
Той никога не беше познавал подобна любов в имението на Милър.

With the Judge's sons, he had shared work and adventure.
Със синовете на съдията той споделяше работа и приключения.

With the grandsons, he saw stiff and boastful pride.
При внуците той видя скована и хвалебствена гордост.

With Judge Miller himself, he had a respectful friendship.
Със самия съдия Милър той поддържаше уважително приятелство.

But love that was fire, madness, and worship came with Thornton.

Но любовта, която беше огън, лудост и преклонение, дойде с Торнтън.

This man had saved Buck's life, and that alone meant a great deal.

Този човек беше спасил живота на Бък и само това означаваше много.

But more than that, John Thornton was the ideal kind of master.

Но повече от това, Джон Торнтън беше идеалният тип учител.

Other men cared for dogs out of duty or business necessity.

Други мъже се грижеха за кучета от длъжност или по служебна необходимост.

John Thornton cared for his dogs as if they were his children.

Джон Торнтън се грижеше за кучетата си, сякаш бяха негови деца.

He cared for them because he loved them and simply could not help it.

Той се грижеше за тях, защото ги обичаше и просто не можеше да се сдържи.

John Thornton saw even further than most men ever managed to see.

Джон Торнтън виждаше дори по-далеч, отколкото повечето мъже някога успяваха да видят.

He never forgot to greet them kindly or speak a cheering word.

Той никога не забравяше да ги поздрави любезно или да им каже някоя окуражителна дума.

He loved sitting down with the dogs for long talks, or "gassy," as he said.

Той обичаше да седи с кучетата за дълги разговори, или както казваше, „газове".

He liked to seize Buck's head roughly between his strong hands.

Той обичаше да хваща грубо главата на Бък между силните си ръце.

Then he rested his own head against Buck's and shook him gently.

След това той опря глава на тази на Бък и нежно го разтърси.

All the while, he called Buck rude names that meant love to Buck.

През цялото време той наричаше Бък с груби имена, което за него означаваше любов.

To Buck, that rough embrace and those words brought deep joy.

На Бък тази груба прегръдка и тези думи донесоха дълбока радост.

His heart seemed to shake loose with happiness at each movement.

Сърцето му сякаш се разтрепераваше от щастие при всяко движение.

When he sprang up afterward, his mouth looked like it laughed.

Когато скочи след това, устата му сякаш се смееше.

His eyes shone brightly and his throat trembled with unspoken joy.

Очите му блестяха ярко, а гърлото му трепереше от неизказана радост.

His smile stood still in that state of emotion and glowing affection.

Усмивката му замръзна в това състояние на емоция и сияйна обич.

Then Thornton exclaimed thoughtfully, "God! he can almost speak!"

Тогава Торнтън възкликна замислено: „Боже! Той почти може да говори!"

Buck had a strange way of expressing love that nearly caused pain.

Бък имаше странен начин да изразява любов, който почти причиняваше болка.

He often griped Thornton's hand in his teeth very tightly.

Той често стискаше здраво ръката на Торнтън със зъби.

The bite was going to leave deep marks that stayed for some time after.

Ухапването щеше да остави дълбоки следи, които щеше да останат известно време след това.

Buck believed those oaths were love, and Thornton knew the same.

Бък вярваше, че тези клетви са любов, а Торнтън знаеше същото.

Most often, Buck's love showed in quiet, almost silent adoration.

Най-често любовта на Бък се проявяваше в тихо, почти безмълвно обожание.

Though thrilled when touched or spoken to, he did not seek attention.

Въпреки че се вълнуваше, когато го докосваха или му говореха, той не търсеше внимание.

Skeet nudged her nose under Thornton's hand until he petted her.

Скийт пъхна носа си под ръката на Торнтън, докато той не я погали.

Nig walked up quietly and rested his large head on Thornton's knee.

Ниг се приближи тихо и отпусна голямата си глава на коляното на Торнтън.

Buck, in contrast, was satisfied to love from a respectful distance.

Бък, за разлика от него, беше доволен да обича от почтително разстояние.

He lied for hours at Thornton's feet, alert and watching closely.

Той лежеше с часове в краката на Торнтън, нащрек и наблюдавайки внимателно.

Buck studied every detail of his master's face and slightest motion.

Бък изучи всеки детайл от лицето на господаря си и най-малкото му движение.

Or lied farther away, studying the man's shape in silence.

Или лъжеше по-надалеч, изучавайки мълчаливо силуета на мъжа.

Buck watched each small move, each shift in posture or gesture.

Бък наблюдаваше всяко малко движение, всяка промяна в стойката или жеста.

So powerful was this connection that often pulled Thornton's gaze.

Толкова силна беше тази връзка, че често привличаше погледа на Торнтън.

He met Buck's eyes with no words, love shining clearly through.

Той срещна погледа на Бък без думи, през който ясно блестеше любов.

For a long while after being saved, Buck never let Thornton out of sight.

Дълго време след като беше спасен, Бък не изпускаше Торнтън от поглед.

Whenever Thornton left the tent, Buck followed him closely outside.

Винаги, когато Торнтън напускаше палатката, Бък го следваше плътно навън.

All the harsh masters in the Northland had made Buck afraid to trust.

Всички сурови господари в Северната земя бяха накарали Бък да се страхува да се доверява.

He feared no man could remain his master for more than a short time.

Той се страхуваше, че никой човек не може да остане негов господар за повече от кратко време.

He feared John Thornton was going to vanish like Perrault and François.

Той се страхуваше, че Джон Торнтън ще изчезне като Перо и Франсоа.

Even at night, the fear of losing him haunted Buck's restless sleep.

Дори през нощта страхът от загубата му преследваше неспокойния сън на Бък.

When Buck woke, he crept out into the cold, and went to the tent.

Когато Бък се събуди, той се измъкна навън в студа и отиде до палатката.

He listened carefully for the soft sound of breathing inside.

Той се ослуша внимателно за тихия звук на дишането вътре.

Despite Buck's deep love for John Thornton, the wild stayed alive.

Въпреки дълбоката любов на Бък към Джон Торнтън, дивото остана жива.

That primitive instinct, awakened in the North, did not disappear.

Този примитивен инстинкт, събуден на Севера, не изчезна.

Love brought devotion, loyalty, and the fire-side's warm bond.

Любовта донесе преданост, лоялност и топлата връзка край огъня.

But Buck also kept his wild instincts, sharp and ever alert.

Но Бък също така запази дивите си инстинкти, остри и винаги бдителни.

He was not just a tamed pet from the soft lands of civilization.

Той не беше просто опитомен домашен любимец от меките земи на цивилизацията.

Buck was a wild being who had come in to sit by Thornton's fire.

Бък беше диво същество, което беше дошло да поседи край огъня на Торнтън.

He looked like a Southland dog, but wildness lived within him.

Приличаше на куче от Южна земя, но в него живееше дива природа.

His love for Thornton was too great to allow theft from the man.

Любовта му към Торнтън беше твърде голяма, за да позволи кражба от него.

But in any other camp, he would steal boldly and without pause.

Но във всеки друг лагер той би крал смело и без прекъсване.

He was so clever in stealing that no one could catch or accuse him.

Той беше толкова хитър в кражбата, че никой не можеше да го хване или обвини.

His face and body were covered in scars from many past fights.

Лицето и тялото му бяха покрити с белези от многобройни минали битки.

Buck still fought fiercely, but now he fought with more cunning.

Бък все още се бореше яростно, но сега се биеше с повече хитрост.

Skeet and Nig were too gentle to fight, and they were Thornton's.

Скийт и Ниг бяха твърде кротки, за да се бият, а и бяха на Торнтън.

But any strange dog, no matter how strong or brave, gave way.

Но всяко странно куче, независимо колко е силно или смело, отстъпваше.

Otherwise, the dog found itself battling Buck; fighting for its life.

В противен случай кучето се озоваваше в битка с Бък; бореше се за живота си.

Buck had no mercy once he chose to fight against another dog.

Бък нямаше милост, след като реши да се бие с друго куче.

He had learned well the law of club and fang in the Northland.

Той беше добре изучил закона на тоягата и зъба в Северната земя.

He never gave up an advantage and never backed away from battle.

Той никога не се отказваше от предимство и никога не се отказваше от битката.

He had studied Spitz and the fiercest dogs of mail and police.

Той беше изучил Шпиц и най-свирепите кучета на пощата и полицията.

He knew clearly there was no middle ground in wild combat.

Той знаеше ясно, че в дивата битка няма средно положение.

He must rule or be ruled; showing mercy meant showing weakness.

Той трябваше да управлява или да бъде управляван; проявяването на милост означаваше проявяване на слабост.

Mercy was unknown in the raw and brutal world of survival.

Милостта беше непозната в суровия и брутален свят на оцеляването.

To show mercy was seen as fear, and fear led quickly to death.

Да проявиш милост се е възприемало като страх, а страхът е водил бързо до смърт.

The old law was simple: kill or be killed, eat or be eaten.

Старият закон беше прост: убий или бъди убит, яж или бъди изяден.

That law came from the depths of time, and Buck followed it fully.

Този закон идваше от дълбините на времето и Бък го следваше стриктно.

Buck was older than his years and the number of breaths he took.

Бък беше по-възрастен от годините си и от броя на вдишванията, които поемаше.

He connected the ancient past with the present moment clearly.

Той ясно свързваше древното минало с настоящето.

The deep rhythms of the ages moved through him like the tides.

Дълбоките ритми на вековете се движеха през него като приливите и отливите.

Time pulsed in his blood as surely as seasons moved the earth.

Времето пулсираше в кръвта му така сигурно, както сезоните движеха земята.

He sat by Thornton's fire, strong-chested and white-fanged.

Той седеше до огъня на Торнтън, с едри гърди и бели зъби.

His long fur waved, but behind him the spirits of wild dogs watched.

Дългата му козина се вееше, но зад него духовете на дивите кучета наблюдаваха.

Half-wolves and full wolves stirred within his heart and senses.

Полувълци и истински вълци се раздвижиха в сърцето и сетивата му.

They tasted his meat and drank the same water that he did.

Те опитаха месото му и пиха същата вода като него.

They sniffed the wind alongside him and listened to the forest.

Те подушиха вятъра до него и се заслушаха в гората.

They whispered the meanings of the wild sounds in the darkness.

Те шепнеха значенията на дивите звуци в тъмнината.

They shaped his moods and guided each of his quiet reactions.

Те оформяха настроенията му и насочваха всяка от тихите му реакции.

They lay with him as he slept and became part of his deep dreams.

Те лежаха с него, докато спеше, и ставаха част от дълбоките му сънища.

They dreamed with him, beyond him, and made up his very spirit.

Те мечтаеха с него, отвъд него, и съставляваха самия му дух.

The spirits of the wild called so strongly that Buck felt pulled.

Духовете на дивата природа зовеха толкова силно, че Бък се почувства привлечен.

Each day, mankind and its claims grew weaker in Buck's heart.

С всеки изминал ден човечеството и неговите претенции отслабваха в сърцето на Бък.

Deep in the forest, a strange and thrilling call was going to rise.

Дълбоко в гората се готвеше да се чуе странен и вълнуващ зов.

Every time he heard the call, Buck felt an urge he could not resist.

Всеки път, когато чуеше обаждането, Бък изпитваше порив, на който не можеше да устои.

He was going to turn from the fire and from the beaten human paths.

Той щеше да се отвърне от огъня и от утъпканите човешки пътеки.

He was going to plunge into the forest, going forward without knowing why.

Той щеше да се гмурне в гората, да продължава напред, без да знае защо.

He did not question this pull, for the call was deep and powerful.

Той не постави под въпрос това привличане, защото зовът беше дълбок и силен.

Often, he reached the green shade and soft untouched earth

Често той достигаше зелената сянка и меката недокосната земя

But then the strong love for John Thornton pulled him back to the fire.

Но тогава силната любов към Джон Торнтън го привлече обратно към огъня.

Only John Thornton truly held Buck's wild heart in his grasp.

Само Джон Торнтън наистина държеше дивото сърце на Бък в хватката си.

The rest of mankind had no lasting value or meaning to Buck.

Останалата част от човечеството нямаше трайна стойност или смисъл за Бък.

Strangers might praise him or stroke his fur with friendly hands.

Непознати може да го хвалят или да галят козината му с приятелски ръце.

Buck remained unmoved and walked off from too much affection.

Бък остана невъзмутим и си тръгна, твърде много обичлив.

Hans and Pete arrived with the raft that had long been awaited

Ханс и Пит пристигнаха със сала, който отдавна бяха чакали.

Buck ignored them until he learned they were close to Thornton.

Бък ги игнорираше, докато не научи, че са близо до Торнтън.

After that, he tolerated them, but never showed them full warmth.

След това той ги търпя, но никога не им показваше пълна топлота.

He took food or kindness from them as if doing them a favor.

Той приемаше храна или добрини от тях, сякаш им правеше услуга.

They were like Thornton—simple, honest, and clear in thought.

Те бяха като Торнтън — прости, честни и с ясни мисли.

All together they traveled to Dawson's saw-mill and the great eddy

Всички заедно пътуваха до дъскорезницата на Доусън и големия водовъртеж

On their journey the learned to understand Buck's nature deeply.

По време на пътуването си те се научиха да разбират дълбоко природата на Бък.

They did not try to grow close like Skeet and Nig had done.

Те не се опитаха да се сближат, както направиха Скийт и Ниг.

But Buck's love for John Thornton only deepened over time.

Но любовта на Бък към Джон Торнтън само се задълбочаваше с времето.

Only Thornton could place a pack on Buck's back in the summer.

Само Торнтън можеше да сложи раница на гърба на Бък през лятото.

Whatever Thornton commanded, Buck was willing to do fully.

Каквото и да заповядаше Торнтън, Бък беше готов да изпълни напълно.

One day, after they left Dawson for the headwaters of the Tanana,

Един ден, след като напуснаха Доусън и се отправиха към горните притоци на Танана,

the group sat on a cliff that dropped three feet to bare bedrock.

Групата седеше на скала, която се спускаше на метър до гола скална основа.

John Thornton sat near the edge, and Buck rested beside him.

Джон Торнтън седеше близо до ръба, а Бък си почиваше до него.

Thornton had a sudden thought and called the men's attention.

На Торнтън му хрумна внезапна мисъл и той привлече вниманието на мъжете.

He pointed across the chasm and gave Buck a single command.

Той посочи през пропастта и даде на Бък една-единствена команда.

"Jump, Buck!" he said, swinging his arm out over the drop.

„Скачай, Бък!" – каза той, размахвайки ръка над пропастта.

In a moment, he had to grab Buck, who was leaping to obey.

След миг трябваше да сграбчи Бък, който скачаше да се подчини.

Hans and Pete rushed forward and pulled both back to safety.

Ханс и Пийт се втурнаха напред и дръпнаха и двамата на безопасно място.

After all ended, and they had caught their breath, Pete spoke up.

След като всичко свърши и те си поеха дъх, Пит проговори.

"The love's uncanny," he said, shaken by the dog's fierce devotion.

„Любовта е необикновена", каза той, разтърсен от свирепата преданост на кучето.

Thornton shook his head and replied with calm seriousness.

Торнтън поклати глава и отговори със спокойна сериозност.

"No, the love is splendid," he said, "but also terrible."

„Не, любовта е прекрасна", каза той, „но и ужасна."

"Sometimes, I must admit, this kind of love makes me afraid."

„Понякога, трябва да призная, този вид любов ме плаши."

Pete nodded and said, "I'd hate to be the man who touches you."

Пийт кимна и каза: „Не бих искал да съм човекът, който ще те докосне."

He looked at Buck as he spoke, serious and full of respect.

Той погледна Бък, докато говореше, сериозен и изпълнен с уважение.

"Py Jingo!" said Hans quickly. "Me either, no sir."

— Пи Джинго! — каза бързо Ханс. — И аз не, сър.

Before the year ended, Pete's fears came true at Circle City.

Преди края на годината, страховете на Пийт се сбъднаха в Съркъл Сити.

A cruel man named Black Burton picked a fight in the bar.

Жесток мъж на име Блек Бъртън се сби в бара.

He was angry and malicious, lashing out at a new tenderfoot.

Той беше ядосан и злобен, нахвърляйки се върху нов неопитен младеж.

John Thornton stepped in, calm and good-natured as always.

Джон Торнтън се намеси, спокоен и добродушен както винаги.

Buck lay in a corner, head down, watching Thornton closely.

Бък лежеше в ъгъла, с наведена глава, и наблюдаваше внимателно Торнтън.

Burton suddenly struck, his punch sending Thornton spinning.

Бъртън внезапно нанесе удар, като ударът му завъртя Торнтън.

Only the bar's rail kept him from crashing hard to the ground.

Само парапетът на бара го предпази от това да се разбие силно на земята.

The watchers heard a sound that was not bark or yelp

Наблюдателите чуха звук, който не беше лай или скимтене

a deep roar came from Buck as he launched toward the man.

Бък изрева дълбоко, когато се хвърли към мъжа.

Burton threw his arm up and barely saved his own life.

Бъртън вдигна ръка и едва спаси живота си.

Buck crashed into him, knocking him flat onto the floor.

Бък се блъсна в него и го повали на пода.

Buck bit deep into the man's arm, then lunged for the throat.
Бък захапа дълбоко ръката на мъжа, след което се хвърли към гърлото му.

Burton could only partly block, and his neck was torn open.
Бъртън успя да блокира само частично и вратът му беше разкъсан.

Men rushed in, clubs raised, and drove Buck off the bleeding man.
Мъже нахлуха с вдигнати тояги и отблъснаха Бък от кървящия мъж.

A surgeon worked quickly to stop the blood from flowing out.
Хирургът действаше бързо, за да спре изтичането на кръв.

Buck paced and growled, trying to attack again and again.
Бък крачеше напред-назад и ръмжеше, опитвайки се да атакува отново и отново.

Only swinging clubs kept him back from reaching Burton.
Само размахващите се стикове го спряха да стигне до Бъртън.

A miners' meeting was called and held right there on the spot.
Свикано е събрание на миньорите, което се проведе на място.

They agreed Buck had been provoked and voted to set him free.
Те се съгласиха, че Бък е бил провокиран и гласуваха да го освободят.

But Buck's fierce name now echoed in every camp in Alaska.
Но свирепото име на Бък сега отекваше във всеки лагер в Аляска.

Later that fall, Buck saved Thornton again in a new way.
По-късно същата есен Бък отново спасява Торнтън по нов начин.

The three men were guiding a long boat down rough rapids.
Тримата мъже водеха дълга лодка по бурни бързеи.

Thornton maned the boat, calling directions to the shoreline.

Торнтън управляваше лодката и викаше указания как да стигнем до брега.

Hans and Pete ran on land, holding a rope from tree to tree.

Ханс и Пит тичаха по сушата, държейки въже, прекарано от дърво на дърво.

Buck kept pace on the bank, always watching his master.

Бък не отстъпваше по брега, като непрекъснато наблюдаваше господаря си.

At one nasty place, rocks jutted out under the fast water.

На едно гадно място, скали стърчаха под бързата вода.

Hans let go of the rope, and Thornton steered the boat wide.

Ханс пусна въжето и Торнтън насочи лодката нашироко.

Hans sprinted to catch the boat again past the dangerous rocks.

Ханс спринтира, за да настигне лодката отново покрай опасните скали.

The boat cleared the ledge but hit a stronger part of the current.

Лодката прескочи ръбовете, но удари по-силна част от течението.

Hans grabbed the rope too quickly and pulled the boat off balance.

Ханс грабна въжето твърде бързо и извади лодката от равновесие.

The boat flipped over and slammed into the bank, bottom up.

Лодката се преобърна и се удари в брега, с дъното нагоре.

Thornton was thrown out and swept into the wildest part of the water.

Торнтън беше изхвърлен и отнесен в най-дивата част на водата.

No swimmer could have survived in those deadly, racing waters.

Никой плувец не би могъл да оцелее в тези смъртоносни, бързи води.

Buck jumped in instantly and chased his master down the river.

Бък скочи мигновено и подгони господаря си надолу по реката.

After three hundred yards, he reached Thornton at last.

След триста ярда най-накрая стигна до Торнтън.

Thornton grabbed Buck's tail, and Buck turned for the shore.

Торнтън сграбчи Бък за опашката и Бък се обърна към брега.

He swam with full strength, fighting the water's wild drag.

Той плуваше с пълна сила, борейки се с дивото съпротивление на водата.

They moved downstream faster than they could reach the shore.

Те се движеха надолу по течението по-бързо, отколкото можеха да стигнат до брега.

Ahead, the river roared louder as it fell into deadly rapids.

Напред реката бучеше по-силно, докато се спускаше в смъртоносни бързеи.

Rocks sliced through the water like the teeth of a huge comb.

Камъни прорязваха водата като зъбите на огромен гребен.

The pull of the water near the drop was savage and inescapable.

Привличането на водата близо до пропастта беше свирепо и неудържимо.

Thornton knew they could never make the shore in time.

Торнтън знаеше, че никога няма да успеят да стигнат до брега навреме.

He scraped over one rock, smashed across a second,

Той се огъваше по един камък, блъскаше се във втори,

And then he crashed into a third rock, grabbing it with both hands.

И тогава се блъсна в трети камък, хващайки го с две ръце.

He let go of Buck and shouted over the roar, "Go, Buck! Go!"

Той пусна Бък и извика над рева: „Давай, Бък! Давай!"

Buck could not stay afloat and was swept down by the current.

Бък не можа да се задържи на повърхността и беше повлечен от течението.

He fought hard, struggling to turn, but made no headway at all.

Той се бореше усилено, мъчеше се да се обърне, но не постигна никакъв напредък.

Then he heard Thornton repeat the command over the river's roar.

Тогава чу Торнтън да повтаря командата над рева на реката.

Buck reared out of the water, raised his head as if for a last look.

Бък се изправи на задните си крака от водата и вдигна глава, сякаш за последен поглед.

then turned and obeyed, swimming toward the bank with resolve.

след това се обърна и се подчини, плувайки решително към брега.

Pete and Hans pulled him ashore at the final possible moment.

Пийт и Ханс го издърпаха на брега в последния възможен момент.

They knew Thornton could cling to the rock for only minutes more.

Те знаеха, че Торнтън може да се вкопчи в скалата само още няколко минути.

They ran up the bank to a spot far above where he was hanging.

Те се изкачиха по брега до място далеч над мястото, където той висеше.

They tied the boat's line to Buck's neck and shoulders carefully.

Те внимателно завързаха въжето на лодката за врата и раменете на Бък.

The rope was snug but loose enough for breathing and movement.

Въжето беше стегнато, но достатъчно хлабаво за дишане и движение.

Then they launched him into the rushing, deadly river again.

След това отново го пуснаха в бързата, смъртоносна река.

Buck swam boldly but missed his angle into the stream's force.

Бък плуваше смело, но пропусна ъгъла си в силата на течението.

He saw too late that he was going to drift past Thornton.

Твърде късно видя, че ще подмине Торнтън.

Hans jerked the rope tight, as if Buck were a capsizing boat.

Ханс дръпна въжето силно, сякаш Бък беше преобръщаща се лодка.

The current pulled him under, and he vanished below the surface.

Течението го повлече надолу и той изчезна под повърхността.

His body struck the bank before Hans and Pete pulled him out.

Тялото му се удари в банката, преди Ханс и Пийт да го извадят.

He was half-drowned, and they pounded the water out of him.

Той беше полуудавен и те изтръгнаха водата от него.

Buck stood, staggered, and collapsed again onto the ground.

Бък се изправи, олюля се и отново се строполи на земята.

Then they heard Thornton's voice faintly carried by the wind.

Тогава чуха гласа на Торнтън, слабо донесен от вятъра.

Though the words were unclear, they knew he was near death.

Въпреки че думите бяха неясни, те знаеха, че е близо до смъртта.

The sound of Thornton's voice hit Buck like an electric jolt.

Звукът на гласа на Торнтън удари Бък като електрически шок.

He jumped up and ran up the bank, returning to the launch point.

Той скочи и хукна нагоре по брега, връщайки се към мястото за излитане.

Again they tied the rope to Buck, and again he entered the stream.

Отново завързаха въжето за Бък и той отново влезе в потока.

This time, he swam directly and firmly into the rushing water.

Този път той плуваше директно и уверено в бързащата вода.

Hans let out the rope steadily while Pete kept it from tangling.

Ханс пусна въжето равномерно, докато Пит го предпазваше от оплитане.

Buck swam hard until he was lined up just above Thornton.

Бък плуваше силно, докато не се озова точно над Торнтън.

Then he turned and charged down like a train in full speed.

След това се обърна и се втурна надолу като влак с пълна скорост.

Thornton saw him coming, braced, and locked arms around his neck.

Торнтън го видя да идва, стегна се и го прегърна около врата.

Hans tied the rope fast around a tree as both were pulled under.

Ханс здраво завърза въжето около едно дърво, докато и двамата бяха издърпани надолу.

They tumbled underwater, smashing into rocks and river debris.

Те се претъркóлиха под водата, разбивайки се в скали и речни отломки.

One moment Buck was on top, the next Thornton rose gasping.

В един момент Бък беше отгоре, а в следващия Торнтън се изправи задъхан.

Battered and choking, they veered to the bank and safety.

Пребити и задавени, те се обърнаха към брега и на сигурно място.

Thornton regained consciousness, lying across a drift log.

Торнтън дойде в съзнание, проснат върху един дънер.

Hans and Pete worked him hard to bring back breath and life.

Ханс и Пийт го натовариха усилено, за да му върнат дъха и живота.

His first thought was for Buck, who lay motionless and limp.

Първата му мисъл беше за Бък, който лежеше неподвижен и отпуснат.

Nig howled over Buck's body, and Skeet licked his face gently.

Ниг виеше над тялото на Бък, а Скийт нежно облиза лицето му.

Thornton, sore and bruised, examined Buck with careful hands.

Торнтън, с рани и синини, прегледа Бък внимателно.

He found three ribs broken, but no deadly wounds in the dog.

Той откри три счупени ребра, но няма смъртоносни рани по кучето.

"That settles it," Thornton said. "We camp here." And they did.

— Това е решение — каза Торнтън. — Ще лагеруваме тук. И те го направиха.

They stayed until Buck's ribs healed and he could walk again.

Те останаха, докато ребрата на Бък заздравяха и той можеше да ходи отново.

That winter, Buck performed a feat that raised his fame further.

През зимата Бък извърши подвиг, който допълнително увеличи славата му.

It was less heroic than saving Thornton, but just as impressive.

Беше по-малко героично от спасяването на Торнтън, но също толкова впечатляващо.

At Dawson, the partners needed supplies for a distant journey.

В Доусън партньорите се нуждаеха от провизии за далечно пътуване.

They wanted to travel East, into untouched wilderness lands.

Те искаха да пътуват на изток, в недокоснати диви земи.

Buck's deed in the Eldorado Saloon made that trip possible.

Делото на Бък в салуна „Елдорадо" направи това пътуване възможно.

It began with men bragging about their dogs over drinks.

Започна с мъже, които се хвалеха с кучетата си, докато пиеха.

Buck's fame made him the target of challenges and doubt.

Славата на Бък го направи обект на предизвикателства и съмнения.

Thornton, proud and calm, stood firm in defending Buck's name.

Торнтън, горд и спокоен, твърдо защитаваше името на Бък.

One man said his dog could pull five hundred pounds with ease.

Един мъж каза, че кучето му може да тегли петстотин паунда с лекота.

Another said six hundred, and a third bragged seven hundred.

Друг каза шестстотин, а трети се похвали със седемстотин.

"Pfft!" said John Thornton, "Buck can pull a thousand pound sled."

— Пф! — каза Джон Торнтън. — Бък може да тегли шейна от хиляда паунда.

Matthewson, a Bonanza King, leaned forward and challenged him.

Матюсън, един от Кралете на Бонанза, се наведе напред и
го предизвика.

"You think he can put that much weight into motion?"

„Мислиш ли, че може да задвижи толкова голяма
тежест?"

**"And you think he can pull the weight a full hundred
yards?"**

„И мислиш, че може да издърпа тежестта цели сто ярда?"

Thornton replied coolly, "Yes. Buck is dog enough to do it."

Торнтън отговори хладнокръвно: „Да. Бък е достатъчно
куче, за да го направи."

**"He'll put a thousand pounds into motion, and pull it a
hundred yards."**

„Той ще задвижи хиляда паунда и ще го издърпа на сто
ярда."

**Matthewson smiled slowly and made sure all men heard his
words.**

Матюсън се усмихна бавно и се увери, че всички мъже чуха
думите му.

"I've got a thousand dollars that says he can't. There it is."

„Имам хиляда долара, които твърдят, че не може. Ето ги."

**He slammed a sack of gold dust the size of sausage on the
bar.**

Той тръшна торбичка със златен прах, голяма колкото
наденица, върху бара.

**Nobody said a word. The silence grew heavy and tense
around them.**

Никой не каза нито дума. Тишината около тях ставаше
тежка и напрегната.

Thornton's bluff—if it was one—had been taken seriously.

Блъфът на Торнтън — ако изобщо е бил такъв — беше
приет насериозно.

He felt heat rise in his face as blood rushed to his cheeks.

Той усети как горещината се надига в лицето му, докато
кръвта нахлу в бузите му.

His tongue had gotten ahead of his reason in that moment.

В този момент езикът му изпревари разума му.

He truly didn't know if Buck could move a thousand pounds.

Той наистина не знаеше дали Бък може да премести хиляда паунда.

Half a ton! The size of it alone made his heart feel heavy.

Половин тон! Само от размера му сърцето му се сви.

He had faith in Buck's strength and had thought him capable.

Той вярваше в силата на Бък и го смяташе за способен.

But he had never faced this kind of challenge, not like this.

Но никога не се беше сблъсквал с подобно предизвикателство, не и като това.

A dozen men watched him quietly, waiting to see what he'd do.

Дузина мъже го наблюдаваха мълчаливо, чакайки да видят какво ще направи.

He didn't have the money—neither did Hans or Pete.

Той нямаше пари – нито пък Ханс, нито Пийт.

"I've got a sled outside," said Matthewson coldly and direct.

— Имам шейна отвън — каза Матюсън студено и директно.

"It's loaded with twenty sacks, fifty pounds each, all flour.

„Натоварено е с двайсет чувала, по петдесет паунда всеки, всички брашно."

So don't let a missing sled be your excuse now," he added.

„Така че не позволявайте на липсващата шейна да ви бъде извинение сега", добави той.

Thornton stood silent. He didn't know what words to offer.

Торнтън мълчеше. Не знаеше какви думи да каже.

He looked around at the faces without seeing them clearly.

Той огледа лицата, без да ги вижда ясно.

He looked like a man frozen in thought, trying to restart.

Той изглеждаше като човек, замръзнал в мисли, опитващ се да започне отново.

Then he saw Jim O'Brien, a friend from the Mastodon days.

Тогава видя Джим О'Брайън, приятел от времето на мастодонтите.

That familiar face gave him courage he didn't know he had.

Това познато лице му вдъхна кураж, за която не знаеше, че я има.

He turned and asked in a low voice, "Can you lend me a thousand?"

Той се обърна и попита тихо: „Можеш ли да ми дадеш назаем хиляда?"

"Sure," said O'Brien, dropping a heavy sack by the gold already.

— Разбира се — каза О'Брайън, като вече пускаше тежък чувал до златото.

"But truthfully, John, I don't believe the beast can do this."

„Но честно казано, Джон, не вярвам, че звярът може да направи това."

Everyone in the Eldorado Saloon rushed outside to see the event.

Всички в салуна „Елдорадо" се втурнаха навън, за да видят събитието.

They left tables and drinks, and even the games were paused.

Те напуснаха масите и напитките, а дори и игрите бяха спрени.

Dealers and gamblers came to witness the bold wager's end.

Крупьорите и комарджиите дойдоха да станат свидетели на края на смелия облог.

Hundreds gathered around the sled in the icy open street.

Стотици се събраха около шейната на заледената открита улица.

Matthewson's sled stood with a full load of flour sacks.

Шейната на Матюсън стоеше пълна с чували с брашно.

The sled had been sitting for hours in minus temperatures.

Шейната беше престояла с часове при минусови температури.

The sled's runners were frozen tight to the packed-down snow.

Плъзгачите на шейната бяха здраво замръзнали за утъпкания сняг.

Men offered two-to-one odds that Buck could not move the sled.

Мъжете предложиха коефициент две към едно, че Бък няма да може да премести шейната.

A dispute broke out about what "break out" really meant.

Избухна спор за това какво всъщност означава „избухване".

O'Brien said Thornton should loosen the sled's frozen base.

О'Брайън каза, че Торнтън трябва да разхлаби замръзналата основа на шейната.

Buck could then "break out" from a solid, motionless start.

Тогава Бък можеше да „избухне" от солиден, неподвижен старт.

Matthewson argued the dog must break the runners free too.

Матюсън твърди, че кучето също трябва да освободи бегачите.

The men who had heard the bet agreed with Matthewson's view.

Мъжете, които бяха чули облога, се съгласиха с мнението на Матюсън.

With that ruling, the odds jumped to three-to-one against Buck.

С това решение коефициентът скочи до три към едно срещу Бък.

No one stepped forward to take the growing three-to-one odds.

Никой не се намеси, за да се възползва от нарастващия коефициент три към едно.

Not a single man believed Buck could perform the great feat.

Никой мъж не вярваше, че Бък може да извърши великия подвиг.

Thornton had been rushed into the bet, heavy with doubts.

Торнтън беше принуден да се обзаложи, обзет от съмнения.

Now he looked at the sled and the ten-dog team beside it.

Сега той погледна шейната и впряга от десет кучета до нея.

Seeing the reality of the task made it seem more impossible.

Виждането на реалността на задачата я правеше да изглежда още по-невъзможна.

Matthewson was full of pride and confidence in that moment.

В този момент Матюсън беше изпълнен с гордост и увереност.

"Three to one!" he shouted. "I'll bet another thousand, Thornton!

„Три към едно!" – извика той. – „Залагам още хиляда, Торнтън!"

What do you say?" he added, loud enough for all to hear.

„Какво ще кажеш?" – добави той достатъчно силно, за да го чуят всички.

Thornton's face showed his doubts, but his spirit had risen.

Лицето на Торнтън издаваше съмненията му, но духът му се беше повдигнал.

That fighting spirit ignored odds and feared nothing at all.

Тозият боен дух пренебрегваше неблагоприятните обстоятелства и не се страхуваше от нищо.

He called Hans and Pete to bring all their cash to the table.

Той се обади на Ханс и Пит, за да донесат всичките си пари на масата.

They had little left—only two hundred dollars combined.

Беше им останало малко — само двеста долара общо.

This small sum was their total fortune during hard times.

Тази малка сума била цялото им богатство по време на трудни времена.

Still, they laid all of the fortune down against Matthewson's bet.

Въпреки това, те заложиха цялото си състояние срещу залога на Матюсън.

The ten-dog team was unhitched and moved away from the sled.

Впрягът от десет кучета беше отвързан и се отдалечи от шейната.

Buck was placed in the reins, wearing his familiar harness.

Бък беше поставен на юздите, облечен в познатия си хамут.

He had caught the energy of the crowd and felt the tension.

Той беше уловил енергията на тълпата и усети напрежението.

Somehow, he knew he had to do something for John Thornton.

Някак си знаеше, че трябва да направи нещо за Джон Торнтън.

People murmured with admiration at the dog's proud figure.

Хората шепнеха с възхищение при вида на гордата фигура на кучето.

He was lean and strong, without a single extra ounce of flesh.

Той беше слаб и силен, без нито един излишен грам плът.

His full weight of hundred fifty pounds was all power and endurance.

Пълното му тегло от сто и петдесет паунда се изразяваше само в сила и издръжливост.

Buck's coat gleamed like silk, thick with health and strength.

Козината на Бък блестеше като коприна, гъста от здраве и сила.

The fur along his neck and shoulders seemed to lift and bristle.

Козината по врата и раменете му сякаш се надигна и настръхна.

His mane moved slightly, each hair alive with his great energy.

Гривата му леко се помръдна, всеки косъм оживяваше от огромната му енергия.

His broad chest and strong legs matched his heavy, tough frame.

Широките му гърди и силните му крака подхождаха на тежката му, жилава фигура.

Muscles rippled under his coat, tight and firm as bound iron.

Мускули набъбваха под палтото му, стегнати и твърди
като оковани желязо.

**Men touched him and swore he was built like a steel
machine.**

Мъжете го докосваха и се кълняха, че е сложен като
стоманена машина.

**The odds dropped slightly to two to one against the great
dog.**

Шансовете леко спаднаха до две към едно срещу голямото
куче.

**A man from the Skookum Benches pushed forward,
stuttering.**

Мъж от пейките на Скукум се придвижи напред,
заеквайки.

**"Good, sir! I offer eight hundred for him—before the test,
sir!"**

„Добре, господине! Предлагам осемстотин за него… преди
изпитанието, господине!"

"Eight hundred, as he stands right now!" the man insisted.

„Осемстотин, както е в момента!" – настоя мъжът.

**Thornton stepped forward, smiled, and shook his head
calmly.**

Торнтън пристъпи напред, усмихна се и спокойно
поклати глава.

**Matthewson quickly stepped in with a warning voice and
frown.**

Матюсън бързо се намеси с предупредителен глас и
намръщено лице.

"You must step away from him," he said. "Give him space."

„Трябва да се отдръпнеш от него", каза той. „Дай му
пространство."

**The crowd grew silent; only gamblers still offered two to
one.**

Тълпата замълча; само комарджиите все още предлагаха
две срещу едно.

**Everyone admired Buck's build, but the load looked too
great.**

Всички се възхищаваха на телосложението на Бък, но товарът изглеждаше твърде голям.

Twenty sacks of flour—each fifty pounds in weight—seemed far too much.

Двадесет чувала брашно – всеки по петдесет паунда тежащ – изглеждаха твърде много.

No one was willing to open their pouch and risk their money.

Никой не беше склонен да отвори кесията си и да рискува парите си.

Thornton knelt beside Buck and took his head in both hands.

Торнтън коленичи до Бък и хвана главата му с две ръце.

He pressed his cheek against Buck's and spoke into his ear.

Той притисна бузата си към тази на Бък и проговори в ухото му.

There was no playful shaking or whispered loving insults now.

Сега нямаше игриво потупване или шепнещи любящи обиди.

He only murmured softly, "As much as you love me, Buck."

Той само промърмори тихо: „Колкото и да ме обичаш, Бък.“

Buck let out a quiet whine, his eagerness barely restrained.

Бък изхленчи тихо, едва сдържайки нетърпението си.

The onlookers watched with curiosity as tension filled the air.

Зрителите наблюдаваха с любопитство как напрежението изпълваше въздуха.

The moment felt almost unreal, like something beyond reason.

Моментът се усещаше почти нереален, като нещо отвъд разумното.

When Thornton stood, Buck gently took his hand in his jaws.

Когато Торнтън се изправи, Бък нежно хвана ръката му в челюстите си.

He pressed down with his teeth, then let go slowly and gently.

Той натисна със зъби, след което бавно и нежно го пусна.

It was a silent answer of love, not spoken, but understood.

Това беше мълчалив отговор на любов, не изречен, а разбран.

Thornton stepped well back from the dog and gave the signal.

Торнтън се отдръпна доста назад от кучето и даде знак.

"Now, Buck," he said, and Buck responded with focused calm.

— Хайде, Бък — каза той и Бък отговори съсредоточено спокойно.

Buck tightened the traces, then loosened them by a few inches.

Бък стегна конците, след което ги разхлаби с няколко сантиметра.

This was the method he had learned; his way to break the sled.

Това беше методът, който беше научил; неговият начин да счупи шейната.

"Gee!" Thornton shouted, his voice sharp in the heavy silence.

„Ох!" – извика Торнтън, гласът му прониза тежката тишина.

Buck turned to the right and lunged with all of his weight.

Бък се обърна надясно и се хвърли с цялата си тежест.

The slack vanished, and Buck's full mass hit the tight traces.

Хлабината изчезна и пълната маса на Бък се стовари върху стегнатите релси.

The sled trembled, and the runners made a crisp crackling sound.

Шейната трепереше, а плъзгачите издаваха отчетлив пращен звук.

"Haw!" Thornton commanded, shifting Buck's direction again.

„Хау!" изкомандва Торнтън, като отново насочи Бък към другата посока.

Buck repeated the move, this time pulling sharply to the left.
Бък повтори движението, този път дръпна рязко наляво.

The sled cracked louder, the runners snapping and shifting.
Шейната пукаше по-силно, плъзгачите щракаха и се размиестваха.

The heavy load slid slightly sideways across the frozen snow.
Тежкият товар се плъзгаше леко настрани по замръзналия сняг.

The sled had broken free from the grip of the icy trail!
Шейната се беше откъснала от хватката на заледената пътека!

Men held their breath, unaware they were not even breathing.
Мъжете затаиха дъх, без да осъзнават, че дори не дишат.

"Now, PULL!" Thornton cried out across the frozen silence.
„Сега, ДЪРПАЙ!" – извика Торнтън през замръзналата тишина.

Thornton's command rang out sharp, like the crack of a whip.
Командата на Торнтън прозвуча остро, като удар на камшик.

Buck hurled himself forward with a fierce and jarring lunge.
Бък се хвърли напред с яростен и рязък скок.

His whole frame tensed and bunched for the massive strain.
Цялото му тяло се стегна и сгъна за огромното напрежение.

Muscles rippled under his fur like serpents coming alive.
Мускули се напъваха под козината му като оживяващи змии.

His great chest was low, head stretched forward toward the sled.
Големите му гърди бяха ниски, главата му — протегната напред към шейната.

His paws moved like lightning, claws slicing the frozen ground.

Лапите му се движеха като светкавица, ноктите му разрязваха замръзналата земя.

Grooves were cut deep as he fought for every inch of traction.

Вдлъбнатините бяха дълбоки, докато той се бореше за всеки сантиметър сцепление.

The sled rocked, trembled, and began a slow, uneasy motion.

Шейната се залюля, затрепери и започна бавно, неспокойно движение.

One foot slipped, and a man in the crowd groaned aloud.

Единият крак се подхлъзна и мъж от тълпата изстена високо.

Then the sled lunged forward in a jerking, rough movement.

Тогава шейната се хвърли напред с рязко, грубо движение.

It didn't stop again—half an inch...an inch...two inches more.

Не спря отново — половин инч... инч... два инча повече.

The jerks became smaller as the sled began to gather speed.

Треските отслабнаха, когато шейната започна да набира скорост.

Soon Buck was pulling with smooth, even, rolling power.

Скоро Бък дърпаше с плавна, равномерна, търкаляща се сила.

Men gasped and finally remembered to breathe again.

Мъжете ахнаха и най-накрая се сетиха да дишат отново.

They had not noticed their breath had stopped in awe.

Не бяха забелязали как дъхът им спря от страхопочитание.

Thornton ran behind, calling out short, cheerful commands.

Торнтън тичаше отзад, викайки кратки, весели команди.

Ahead was a stack of firewood that marked the distance.

Напред имаше купчина дърва за огрев, която отбелязваше разстоянието.

As Buck neared the pile, the cheering grew louder and louder.

Докато Бък се приближаваше към купчината, виковете ставаха все по-силни и по-силни.

The cheering swelled into a roar as Buck passed the end point.

Одобрителните викове прераснаха в рев, когато Бък подмина крайната точка.

Men jumped and shouted, even Matthewson broke into a grin.

Мъжете подскачаха и викаха, дори Матюсън се усмихна широко.

Hats flew into the air, mittens were tossed without thought or aim.

Шапки летяха във въздуха, ръкавици бяха хвърляни безмислено и безцелно.

Men grabbed each other and shook hands without knowing who.

Мъже се хванаха един друг и се ръкуваха, без да знаят на кого.

The whole crowd buzzed in wild, joyful celebration.

Цялата тълпа бръмчеше в диво, радостно празненство.

Thornton dropped to his knees beside Buck with trembling hands.

Торнтън падна на колене до Бък с треперещи ръце.

He pressed his head to Buck's and shook him gently back and forth.

Той притисна глава към тази на Бък и нежно го разтърси напред-назад.

Those who approached heard him curse the dog with quiet love.

Тези, които се приближиха, го чуха да проклина кучето с тиха любов.

He swore at Buck for a long time—softly, warmly, with emotion.

Той дълго ругаеше Бък — тихо, топло, развълнувано.

"Good, sir! Good, sir!" cried the Skookum Bench king in a rush.

„Добре, господине! Добре, господине!" — извика
припряно кралят на пейката на Скукум.

**"I'll give you a thousand—no, twelve hundred—for that dog,
sir!"**

„Ще ви дам хиляда… не, хиляда и двеста… за това куче,
господине!"

**Thornton rose slowly to his feet, his eyes shining with
emotion.**

Торнтън бавно се изправи на крака, очите му блестяха от
емоция.

Tears streamed openly down his cheeks without any shame.

Сълзи се стичаха открито по бузите му без никакъв срам.

"Sir," he said to the Skookum Bench king, steady and firm

„Господине", каза той на краля на пейката в Скукум,
спокойно и твърдо

"No, sir. You can go to hell, sir. That's my final answer."

„Не, господине. Можете да вървите по дяволите,
господине. Това е окончателният ми отговор."

Buck grabbed Thornton's hand gently in his strong jaws.

Бък нежно сграбчи ръката на Торнтън в силните си
челюсти.

Thornton shook him playfully, their bond deep as ever.

Торнтън го разтърси игриво, връзката им беше дълбока
както винаги.

The crowd, moved by the moment, stepped back in silence.

Тълпата, развълнувана от момента, отстъпи мълчаливо
назад.

From then on, none dared interrupt such sacred affection.

Оттогава нататък никой не смееше да прекъсва тази
свещена обич.

The Sound of the Call
Звукът на обаждането

Buck had earned sixteen hundred dollars in five minutes.
Бък беше спечелил хиляда и шестстотин долара за пет
минути.

The money let John Thornton pay off some of his debts.
Парите позволиха на Джон Торнтън да изплати част от
дълговете си.

With the rest of the money he headed East with his partners.
С останалите пари той се отправи на изток с партньорите
си.

They sought a fabled lost mine, as old as the country itself.
Те търсеха легендарна изгубена мина, стара колкото
самата страна.

**Many men had looked for the mine, but few had ever found
it.**
Много мъже бяха търсили мината, но малцина я бяха
намерили.

**More than a few men had vanished during the dangerous
quest.**
Неколцина мъже бяха изчезнали по време на опасното
търсене.

**This lost mine was wrapped in both mystery and old
tragedy.**
Тази изгубена мина беше обвита едновременно в
мистерия и стара трагедия.

No one knew who the first man to find the mine had been.
Никой не знаеше кой е бил първият човек, открил мината.

The oldest stories don't mention anyone by name.
В най-старите истории не се споменава никого по име.

There had always been an ancient ramshackle cabin there.
Там винаги е имало една стара, порутена колиба.

**Dying men had sworn there was a mine next to that old
cabin.**
Умиращите мъже се бяха кълнали, че до онази стара хижа
има мина.

They proved their stories with gold like none found elsewhere.

Те доказаха историите си със злато, каквото не се намира никъде другаде.

No living soul had ever looted the treasure from that place.

Никоя жива душа никога не беше ограбвала съкровището от това място.

The dead were dead, and dead men tell no tales.

Мъртвите бяха мъртви, а мъртвите не разказват истории.

So Thornton and his friends headed into the East.

И така, Торнтън и приятелите му се отправили на изток.

Pete and Hans joined, bringing Buck and six strong dogs.

Пит и Ханс се присъединиха, като доведоха Бък и шест силни кучета.

They set off down an unknown trail where others had failed.

Те тръгнаха по непозната пътека, където други се бяха провалили.

They sledded seventy miles up the frozen Yukon River.

Те се спускаха с шейни седемдесет мили нагоре по замръзналата река Юкон.

They turned left and followed the trail into the Stewart.

Те завиха наляво и последваха пътеката към река Стюарт.

They passed the Mayo and McQuestion, pressing farther on.

Те подминаха „Майо" и „Маккуешън" и продължиха напред.

The Stewart shrank into a stream, threading jagged peaks.

Стюарт се сви в поток, пронизващ назъбени върхове.

These sharp peaks marked the very spine of the continent.

Тези остри върхове маркираха самия гръбнак на континента.

John Thornton demanded little from men or the wild land.

Джон Торнтън не изискваше много от хората или от дивата земя.

He feared nothing in nature and faced the wild with ease.

Той не се страхуваше от нищо в природата и се изправяше пред дивото с лекота.

With only salt and a rifle, he could travel where he wished.

Само със сол и пушка, той можеше да пътува където пожелае.

Like the natives, he hunted food while he journeyed along.

Подобно на местните жители, той ловувал храна, докато пътувал.

If he caught nothing, he kept going, trusting luck ahead.

Ако не хванеше нищо, той продължаваше, уповавайки се на късмета си.

On this long journey, meat was the main thing they ate.

По време на това дълго пътуване месото беше основното нещо, което ядяха.

The sled held tools and ammo, but no strict timetable.

Шейната съдържаше инструменти и боеприпаси, но нямаше строг график.

Buck loved this wandering; the endless hunt and fishing.

Бък обичаше това скитане; безкрайния лов и риболов.

For weeks they were traveling day after steady day.

Седмици наред те пътуваха ден след ден.

Other times they made camps and stayed still for weeks.

Друг път те правеха лагери и оставаха неподвижни седмици наред.

The dogs rested while the men dug through frozen dirt.

Кучетата си почиваха, докато мъжете копаеха през замръзналата пръст.

They warmed pans over fires and searched for hidden gold.

Те затопляха тигани на огън и търсеха скрито злато.

Some days they starved, and some days they had feasts.

Някои дни гладуваха, а други дни имаха празненства.

Their meals depended on the game and the luck of the hunt.

Храната им зависеше от дивеча и късмета при лов.

When summer came, men and dogs packed loads on their backs.

Когато дойде лятото, мъжете и кучетата натовариха товари на гърба си.

They rafted across blue lakes hidden in mountain forests.

Те са спускали с рафтове през сини езера, скрити в планинските гори.

They sailed slim boats on rivers no man had ever mapped.

Те плаваха с тънки лодки по реки, които никой човек никога не беше картографирал.

Those boats were built from trees they sawed in the wild.

Тези лодки са били построени от дървета, които са отрязали в дивата природа.

The months passed, and they twisted through the wild unknown lands.

Месеците минаваха и те се виеха през дивите непознати земи.

There were no men there, yet old traces hinted that men had been.

Нямаше мъже там, но стари следи подсказваха, че е имало хора.

If the Lost Cabin was real, then others had once come this way.

Ако Изгубената колиба беше истинска, значи и други някога са минали оттук.

They crossed high passes in blizzards, even during the summer.

Те прекосяваха високи проходи във виелици, дори през лятото.

They shivered under the midnight sun on bare mountain slopes.

Те трепереха под полунощното слънце по голите планински склонове.

Between the treeline and the snowfields, they climbed slowly.

Между горската линия и снежните полета те се изкачваха бавно.

In warm valleys, they swatted at clouds of gnats and flies.

В топлите долини те гонеха облаци от комари и мухи.

They picked sweet berries near glaciers in full summer bloom.

Те браха сладки плодове близо до ледниците в разцвет през лятото.

The flowers they found were as lovely as those in the Southland.

Цветята, които откриха, бяха също толкова прекрасни, колкото тези в Южната земя.

That fall they reached a lonely region filled with silent lakes.

През есента те стигнаха до уединен район, пълен с тихи езера.

The land was sad and empty, once alive with birds and beasts.

Земята беше тъжна и пуста, някога пълна с птици и зверове.

Now there was no life, just the wind and ice forming in pools.

Сега нямаше живот, само вятърът и ледът, образуващ се в локви.

Waves lapped against empty shores with a soft, mournful sound.

Вълните се плискаха в празни брегове с мек, тъжен звук.

Another winter came, and they followed faint, old trails again.

Дойде още една зима и те отново следваха бледи, стари следи.

These were the trails of men who had searched long before them.

Това бяха следите на мъже, които са търсили много преди тях.

Once they found a path cut deep into the dark forest.

Веднъж намериха пътека, издълбана дълбоко в тъмната гора.

It was an old trail, and they felt the lost cabin was close.

Беше стара пътека и те чувстваха, че изгубената хижа е близо.

But the trail led nowhere and faded into the thick woods.

Но пътеката не водеше никъде и се губеше в гъстата гора.

Whoever made the trail, and why they made it, no one knew.

Който и да е проправил пътеката и защо я е проправил, никой не знаеше.

Later, they found the wreck of a lodge hidden among the trees.

По-късно те открили останките от хижа, скрита сред дърветата.

Rotting blankets lay scattered where someone once had slept.

Там, където някога е спал някой, бяха разпръснати гниещи одеяла.

John Thornton found a long-barreled flintlock buried inside.

Джон Торнтън намери заровена вътре кремъчна пушка с дълга цев.

He knew this was a Hudson Bay gun from early trading days.

Той знаеше, че това е оръдие от залива Хъдсън още от ранните дни на търговията.

In those days such guns were traded for stacks of beaver skins.

В онези дни такива оръжия се разменяха за купчини боброви кожи.

That was all—no clue remained of the man who built the lodge.

Това беше всичко — не остана никаква следа от човека, който е построил хижата.

Spring came again, and they found no sign of the Lost Cabin.

Пролетта дойде отново и те не намериха никаква следа от Изгубената колиба.

Instead they found a broad valley with a shallow stream.

Вместо това те откриха широка долина с плитък поток.

Gold lay across the pan bottoms like smooth, yellow butter.

Златото лежеше по дъното на тиганите като гладко, жълто масло.

They stopped there and searched no farther for the cabin.

Те спряха там и не търсеха повече хижата.

Each day they worked and found thousands in gold dust.

Всеки ден те работеха и откриваха хиляди в златен прах.

They packed the gold in bags of moose-hide, fifty pounds each.

Те опаковаха златото в чували от лосова кожа, всеки по петдесет паунда.

The bags were stacked like firewood outside their small lodge.

Чувалите бяха струпани като дърва за огрев пред малката им хижа.

They worked like giants, and the days passed like quick dreams.

Те работеха като гиганти, а дните минаваха като бързи сънища.

They heaped up treasure as the endless days rolled swiftly by.

Те трупаха съкровища, докато безкрайните дни се търкаляха бързо.

There was little for the dogs to do except haul meat now and then.

Кучетата нямаха много какво да правят, освен да мъкнат месо от време на време.

Thornton hunted and killed the game, and Buck lay by the fire.

Торнтън ловуваше и убиваше дивеча, а Бък лежеше край огъня.

He spent long hours in silence, lost in thought and memory.

Той прекарваше дълги часове в мълчание, потънал в мисли и спомени.

The image of the hairy man came more often into Buck's mind.

Образът на косматия мъж все по-често се появяваше в съзнанието на Бък.

Now that work was scarce, Buck dreamed while blinking at the fire.

Сега, когато работата беше оскъдна, Бък замечта, докато примигваше към огъня.

In those dreams, Buck wandered with the man in another world.

В тези сънища Бък се скиташе с мъжа в друг свят.

Fear seemed the strongest feeling in that distant world.

Страхът изглеждаше най-силното чувство в този далечен свят.

Buck saw the hairy man sleep with his head bowed low.

Бък видя как косматият мъж спи с ниско наведена глава.

His hands were clasped, and his sleep was restless and broken.

Ръцете му бяха стиснати, а сънят му беше неспокоен и накъсан.

He used to wake with a start and stare fearfully into the dark.

Той се събуждаше стряскащо и се взираше уплашено в тъмнината.

Then he'd toss more wood onto the fire to keep the flame bright.

След това хвърляше още дърва в огъня, за да поддържа пламъка ярък.

Sometimes they walked along a beach by a gray, endless sea.

Понякога се разхождаха по плажа край сиво, безкрайно море.

The hairy man picked shellfish and ate them as he walked.

Косматият мъж браше миди и ги ядеше, докато вървеше.

His eyes searched always for hidden dangers in the shadows.

Очите му винаги търсеха скрити опасности в сенките.

His legs were always ready to sprint at the first sign of threat.

Краката му винаги бяха готови да спринтират при първия знак за заплаха.

They crept through the forest, silent and wary, side by side.

Те се промъкваха през гората, мълчаливи и предпазливи, един до друг.

Buck followed at his heels, and both of them stayed alert.

Бък го следваше по петите и двамата бяха нащрек.

Their ears twitched and moved, their noses sniffed the air.

Ушите им потрепваха и се движеха, носовете им подушваха въздуха.

The man could hear and smell the forest as sharply as Buck.

Мъжът можеше да чува и подушва гората толкова остро, колкото и Бък.

The hairy man swung through the trees with sudden speed.

Косматият мъж се залюля през дърветата с внезапна скорост.

He leapt from branch to branch, never missing his grip.

Той скачаше от клон на клон, без никога да пропуска хватката си.

He moved as fast above the ground as he did upon it.

Той се движеше толкова бързо над земята, колкото и по нея.

Buck remembered long nights beneath the trees, keeping watch.

Бък си спомни дългите нощи под дърветата, докато беше нащрек.

The man slept roosting in the branches, clinging tight.

Мъжът спеше свит в клоните, здраво прилепнал към тях.

This vision of the hairy man was tied closely to the deep call.

Това видение на косматия мъж беше тясно свързано с дълбокия зов.

The call still sounded through the forest with haunting force.

Зовът все още отекваше през гората с пронизителна сила.

The call filled Buck with longing and a restless sense of joy.

Зовът изпълни Бък с копнеж и неспокойно чувство на радост.

He felt strange urges and stirrings that he could not name.

Той усещаше странни импулси и вълнения, които не можеше да назове.

Sometimes he followed the call deep into the quiet woods.

Понякога той следваше зова дълбоко в тихата гора.

He searched for the calling, barking softly or sharply as he went.

Той търсеше зова, лаейки тихо или остро, докато се движеше.

He sniffed the moss and black soil where the grasses grew.

Той подуши мъха и черната почва, където растяха тревите.

He snorted with delight at the rich smells of the deep earth.

Той изсумтя от удоволствие от богатите миризми на дълбоката земя.

He crouched for hours behind trunks covered in fungus.

Той се е свивал с часове зад стволове, покрити с гъбички.

He stayed still, listening wide-eyed to every tiny sound.

Той стоеше неподвижно, слушайки с широко отворени очи всеки малък звук.

He may have hoped to surprise the thing that gave the call.

Може би се е надявал да изненада нещото, което е дало обаждането.

He did not know why he acted this way — he simply did.

Той не знаеше защо се държи по този начин — просто го правеше.

The urges came from deep within, beyond thought or reason.

Поривите идваха дълбоко отвътре, отвъд мисълта или разума.

Irresistible urges took hold of Buck without warning or reason.

Неустоими импулси обзеха Бък без предупреждение или причина.

At times he was dozing lazily in camp under the midday heat.

Понякога той дремеше лениво в лагера под обедната жега.

Suddenly, his head lifted and his ears shoot up alert.

Внезапно главата му се вдигна и ушите му наостриха глави.

Then he sprang up and dash into the wild without pause.

После скочи и се втурна в дивата природа без да се спира.

He ran for hours through forest paths and open spaces.

Той тичаше с часове по горски пътеки и открити пространства.

He loved to follow dry creek beds and spy on birds in the trees.

Той обичаше да следва пресъхналите корита на потоците и да наблюдава птиците по дърветата.

He could lie hidden all day, watching partridges strut around.

Можеше да лежи скрит по цял ден, гледайки как яребици се разхождат наоколо.

They drummed and marched, unaware of Buck's still presence.

Те биеха барабани и маршируваха, без да осъзнават все още присъствието на Бък.

But what he loved most was running at twilight in summer.

Но това, което най-много обичаше, беше да тича по здрач през лятото.

The dim light and sleepy forest sounds filled him with joy.

Приглушената светлина и сънливите горски звуци го изпълваха с радост.

He read the forest signs as clearly as a man reads a book.

Той четеше горските знаци толкова ясно, колкото човек чете книга.

And he searched always for the strange thing that called him.

И той винаги търсеше странното нещо, което го зовеше.

That calling never stopped—it reached him waking or sleeping.

Това зовене никога не спираше – достигаше до него, независимо дали е буден или спящ.

One night, he woke with a start, eyes sharp and ears high.

Една нощ той се събуди стряскащо, с остър поглед и наострени уши.

His nostrils twitched as his mane stood bristling in waves.

Ноздрите му потрепнаха, докато гривата му настръхна на вълни.

From deep in the forest came the sound again, the old call.

От дълбините на гората отново се чу звукът, старият зов.

This time the sound rang clearly, a long, haunting, familiar howl.

Този път звукът прозвуча ясно, дълъг, пронизващ, познат вой.

It was like a husky's cry, but strange and wild in tone.

Беше като вик на хъски, но странен и див по тон.

Buck knew the sound at once — he had heard the exact sound long ago.

Бък разпозна звука веднага — беше чул точно този звук отдавна.

He leapt through camp and vanished swiftly into the woods.

Той прескочи лагера и бързо изчезна в гората.

As he neared the sound, he slowed and moved with care.

Докато се приближаваше към звука, той забави ход и се движеше внимателно.

Soon he reached a clearing between thick pine trees.

Скоро стигна до поляна между гъсти борови дървета.

There, upright on its haunches, sat a tall, lean timber wolf.

Там, изправен на задните си крака, седеше висок, слаб горски вълк.

The wolf's nose pointed skyward, still echoing the call.

Носът на вълка сочеше към небето, все още повтаряйки зова.

Buck had made no sound, yet the wolf stopped and listened.

Бък не издаде и звук, но вълкът спря и се ослуша.

Sensing something, the wolf tensed, searching the darkness.

Усещайки нещо, вълкът се напрегна, оглеждайки тъмнината.

Buck crept into view, body low, feet quiet on the ground.

Бък се промъкна в полезрението, с приведено тяло и спокойно стъпили крака на земята.

His tail was straight, his body coiled tight with tension.

Опашката му беше права, тялото му свито от напрежение.

He showed both threat and a kind of rough friendship.

Той показваше едновременно заплаха и един вид грубо приятелство.

It was the wary greeting shared by beasts of the wild.

Това беше предпазливият поздрав, споделян от дивите зверове.

But the wolf turned and fled as soon as it saw Buck.

Но вълкът се обърна и избяга веднага щом видя Бък.

Buck gave chase, leaping wildly, eager to overtake it.

Бък го преследваше, скачайки диво, нетърпелив да го настигне.

He followed the wolf into a dry creek blocked by a timber jam.

Той последва вълка в пресъхнал поток, блокиран от дървена преграда.

Cornered, the wolf spun around and stood its ground.

Притиснат в ъгъла, вълкът се обърна и застана на мястото си.

The wolf snarled and snapped like a trapped husky dog in a fight.

Вълкът изръмжа и щракна като хванато в капан хъски по време на бой.

The wolf's teeth clicked fast, its body bristling with wild fury.

Зъбите на вълка щракаха бързо, тялото му ежвееше от дива ярост.

Buck did not attack but circled the wolf with careful friendliness.

Бък не атакува, а обиколи вълка с внимателна дружелюбност.

He tried to block his escape by slow, harmless movements.

Той се опита да блокира бягството си с бавни, безобидни движения.

The wolf was wary and scared—Buck outweighed him three times.

Вълкът беше предпазлив и уплашен — Бък го надделяваше три пъти.

The wolf's head barely reached up to Buck's massive shoulder.

Главата на вълка едва стигаше до масивното рамо на Бък.

Watching for a gap, the wolf bolted and the chase began again.

В очакване на пролука, вълкът побягна и преследването започна отново.

Several times Buck cornered him, and the dance repeated.

Няколко пъти Бък го притисна в ъгъла и танцът се повтори.

The wolf was thin and weak, or Buck could not have caught him.

Вълкът беше слаб и слаб, иначе Бък не би могъл да го хване.

Each time Buck drew near, the wolf spun and faced him in fear.

Всеки път, когато Бък се приближаваше, вълкът се обръщаше и се изправяше срещу него уплашено.

Then at the first chance, he dashed off into the woods once more.

Тогава при първа възможност той отново се втурна в гората.

But Buck did not give up, and finally the wolf came to trust him.

Но Бък не се отказал и най-накрая вълкът започнал да му се доверява.

He sniffed Buck's nose, and the two grew playful and alert.

Той подуши носа на Бък и двамата станаха игриви и бдителни.

They played like wild animals, fierce yet shy in their joy.

Те играеха като диви животни, свирепи, но и плахи в радостта си.

After a while, the wolf trotted off with calm purpose.

След известно време вълкът се отдалечи спокойно и целеустремено.

He clearly showed Buck that he meant to be followed.
Той ясно показа на Бък, че възнамерява да бъде последван.

They ran side by side through the twilight gloom.
Те тичаха един до друг през сумрака.

They followed the creek bed up into the rocky gorge.
Те следваха коритото на потока нагоре в скалистия пролом.

They crossed a cold divide where the stream had begun.
Те прекосиха студен вододел, откъдето потокът беше започнал.

On the far slope they found wide forest and many streams.
На далечния склон откриха широка гора и много потоци.

Through this vast land, they ran for hours without stopping.
През тази необятна земя те тичаха с часове без да спират.

The sun rose higher, the air grew warm, but they ran on.
Слънцето се издигна по-високо, въздухът се затопли, но те продължиха да тичат.

Buck was filled with joy—he knew he was answering his calling.
Бък беше изпълнен с радост — знаеше, че отговаря на зова си.

He ran beside his forest brother, closer to the call's source.
Той тичаше до горския си брат, по-близо до източника на зова.

Old feelings returned, powerful and hard to ignore.
Старите чувства се завърнаха, силни и трудни за игнориране.

These were the truths behind the memories from his dreams.
Това бяха истините зад спомените от сънищата му.

He had done all this before in a distant and shadowy world.
Беше правил всичко това и преди в един далечен и сенчест свят.

Now he did this again, running wild with the open sky above.

Сега той направи това отново, тичайки лудо сред
откритото небе над него.

They stopped at a stream to drink from the cold flowing water.

Те спряха до един поток, за да пият от студената течаща вода.

As he drank, Buck suddenly remembered John Thornton.

Докато пиеше, Бък внезапно си спомни за Джон Торнтън.

He sat down in silence, torn by the pull of loyalty and the calling.

Той седна мълчаливо, разкъсван от влечението на лоялността и призванието.

The wolf trotted on, but came back to urge Buck forward.

Вълкът продължи да тича, но се върна, за да подкара Бък напред.

He sniffed his nose and tried to coax him with soft gestures.

Той подуши носа си и се опита да го примами с нежни жестове.

But Buck turned around and started back the way he came.

Но Бък се обърна и тръгна обратно по пътя, по който беше дошъл.

The wolf ran beside him for a long time, whining quietly.

Вълкът тичаше до него дълго време, тихо скимтейки.

Then he sat down, raised his nose, and let out a long howl.

После седна, вдигна нос и издаде дълъг вой.

It was a mournful cry, softening as Buck walked away.

Това беше тъжен вик, който отслабна, когато Бък се отдалечи.

Buck listened as the sound of the cry faded slowly into the forest silence.

Бък слушаше как звукът на вика бавно заглъхва в горската тишина.

John Thornton was eating dinner when Buck burst into the camp.

Джон Торнтън вечеряше, когато Бък нахлу в лагера.

Buck leapt upon him wildly, licking, biting, and tumbling him.

Бък скочи диво върху него, облизвайки го, хапейки го и го събаряйки.

He knocked him over, scrambled on top, and kissed his face.

Той го събори, покатери се отгоре и го целуна по лицето.

Thornton called this "playing the general tom-fool" with affection.

Торнтън с обич нарече това „игра на обикновен глупак".

All the while, he cursed Buck gently and shook him back and forth.

През цялото време той нежно ругаеше Бък и го разтърсваше напред-назад.

For two whole days and nights, Buck never left the camp once.

В продължение на цели два дни и нощи Бък нито веднъж не напусна лагера.

He kept close to Thornton and never let him out of his sight.

Той държеше близо до Торнтън и никога не го изпускаше от поглед.

He followed him as he worked and watched him while he ate.

Той го следваше, докато работеше, и го наблюдаваше, докато ядеше.

He saw Thornton into his blankets at night and out each morning.

Той виждаше Торнтън да се завива с одеялата вечер и да излиза всяка сутрин.

But soon the forest call returned, louder than ever before.

Но скоро горският зов се завърна, по-силен от всякога.

Buck grew restless again, stirred by thoughts of the wild wolf.

Бък отново се разтревожи, развълнуван от мислите за дивия вълк.

He remembered the open land and running side by side.

Той си спомни откритата земя и бягането един до друг.

He began wandering into the forest once more, alone and alert.

Той отново започна да се скита из гората, сам и нащрек.

But the wild brother did not return, and the howl was not heard.

Но дивият брат не се върна и воят не се чу.

Buck started sleeping outside, staying away for days at a time.

Бък започна да спи навън, като стоеше далеч с дни.

Once he crossed the high divide where the creek had begun.

Веднъж той прекоси високия вододел, където беше започнал потокът.

He entered the land of dark timber and wide flowing streams.

Той навлезе в земята на тъмни гори и широко течащи потоци.

For a week he roamed, searching for signs of the wild brother.

В продължение на седмица той се скиташе, търсейки следи от дивия си брат.

He killed his own meat and travelled with long, tireless strides.

Той сам си убиваше месото и пътуваше с дълги, неуморни крачки.

He fished for salmon in a wide river that reached the sea.

Той ловил сьомга в широка река, която стигала до морето.

There, he fought and killed a black bear maddened by bugs.

Там той се би и уби черна мечка, подлудена от буболечки.

The bear had been fishing and ran blindly through the trees.

Мечката лови риба и тичаше на сляпо през дърветата.

The battle was a fierce one, waking Buck's deep fighting spirit up.

Битката беше ожесточена, събуждайки дълбокия боен дух на Бък.

Two days later, Buck returned to find wolverines at his kill.

Два дни по-късно Бък се завърнал и открил върколаци на мястото на убийството си.

A dozen of them quarreled over the meat in noisy fury.

Дузина от тях се караха шумно и яростно за месото.

Buck charged and scattered them like leaves in the wind.

Бък се нахвърли върху тях и ги разпръсна като листа на вятъра.

Two wolves remained behind—silent, lifeless, and unmoving forever.

Два вълка останаха назад — мълчаливи, безжизнени и неподвижни завинаги.

The thirst for blood grew stronger than ever.

Жаждата за кръв стана по-силна от всякога.

Buck was a hunter, a killer, feeding off living creatures.

Бък беше ловец, убиец, хранещ се с живи същества.

He survived alone, relying on his strength and sharp senses.

Той оцеля сам, разчитайки на силата и острите си сетива.

He thrived in the wild, where only the toughest could live.

Той процъфтяваше в дивата природа, където само най-издръжливите можеха да живеят.

From this, a great pride rose up and filled Buck's whole being.

От това се надигна голяма гордост и изпълни цялото същество на Бък.

His pride showed in his every step, in the ripple of every muscle.

Гордостта му личеше във всяка негова стъпка, в пулсирането на всеки мускул.

His pride was as clear as speech, seen in how he carried himself.

Гордостта му беше ясна като думите, личеше от начина, по който се държеше.

Even his thick coat looked more majestic and gleamed brighter.

Дори дебелата му козина изглеждаше по-величествена и блестеше по-ярко.

Buck could have been mistaken for a giant timber wolf.

Бък можеше да бъде объркан с гигантски горски вълк.

Except for brown on his muzzle and spots above his eyes.

С изключение на кафявото по муцуната и петната над очите.

And the white streak of fur that ran down the middle of his chest.

И бялата ивица козина, която се спускаше по средата на гърдите му.

He was even larger than the biggest wolf of that fierce breed.

Той беше дори по-едър от най-големия вълк от тази свирепа порода.

His father, a St. Bernard, gave him size and heavy frame.

Баща му, санбернар, му е дал ръст и тежка фигура.

His mother, a shepherd, shaped that bulk into wolf-like form.

Майка му, овчарка, оформи това едро във форма на вълк.

He had the long muzzle of a wolf, though heavier and broader.

Имаше дългата муцуна на вълк, макар и по-тежка и по-широка.

His head was a wolf's, but built on a massive, majestic scale.

Главата му беше вълча, но изградена с масивен, величествен мащаб.

Buck's cunning was the cunning of the wolf and of the wild.

Хитростта на Бък беше хитростта на вълка и на дивото.

His intelligence came from both the German Shepherd and St. Bernard.

Интелигентността му идваше както от немската овчарка, така и от санбернар.

All this, plus harsh experience, made him a fearsome creature.

Всичко това, плюс суровия опит, го превърна в страховито същество.

He was as formidable as any beast that roamed the northern wild.

Той беше толкова страховит, колкото всеки звяр, бродещ из северната дива природа.

Living only on meat, Buck reached the full peak of his strength.

Живеейки само на месо, Бък достигна пълния пик на силата си.

He overflowed with power and male force in every fiber of him.

Той преливаше от сила и мъжка мощ във всяка своя фибра.

When Thornton stroked his back, the hairs sparked with energy.

Когато Торнтън го погали по гърба, космите му заискриха от енергия.

Each hair crackled, charged with the touch of living magnetism.

Всеки косъм пращеше, зареден с докосването на жив магнетизъм.

His body and brain were tuned to the finest possible pitch.

Тялото и мозъкът му бяха настроени на възможно най-финия тон.

Every nerve, fiber, and muscle worked in perfect harmony.

Всеки нерв, влакно и мускул работеха в перфектна хармония.

To any sound or sight needing action, he responded instantly.

На всеки звук или гледка, изискващи действие, той реагираше мигновено.

If a husky leaped to attack, Buck could leap twice as fast.

Ако хъски скочи да атакува, Бък можеше да скочи два пъти по-бързо.

He reacted quicker than others could even see or hear.

Той реагира по-бързо, отколкото другите можеха дори да видят или чуят.

Perception, decision, and action all came in one fluid moment.

Възприятието, решението и действието се случиха в един плавен момент.

In truth, these acts were separate, but too fast to notice.

Всъщност тези действия бяха отделни, но твърде бързи, за да бъдат забелязани.

So brief were the gaps between these acts, they seemed as one.

Толкова кратки бяха паузите между тези действия, че те изглеждаха като едно цяло.

His muscles and being was like tightly coiled springs.

Мускулите и тялото му бяха като плътно навити пружини.

His body surged with life, wild and joyful in its power.

Тялото му кипеше от живот, диво и радостно в своята мощ.

At times he felt like the force was going to burst out of him entirely.

Понякога имаше чувството, че силата ще избухне напълно от него.

"Never was there such a dog," Thornton said one quiet day.

„Никога не е имало такова куче", каза Торнтън един тих ден.

The partners watched Buck striding proudly from the camp.

Партньорите наблюдаваха как Бък гордо се отдалечава от лагера.

"When he was made, he changed what a dog can be," said Pete.

„Когато беше създаден, той промени това, което едно куче може да бъде", каза Пит.

"By Jesus! I think so myself," Hans quickly agreed.

— „За бога! И аз така мисля" — бързо се съгласи Ханс.

They saw him march off, but not the change that came after.

Видяха го как си тръгва, но не и промяната, която последва.

As soon as he entered the woods, Buck transformed completely.

Щом влезе в гората, Бък се преобрази напълно.

He no longer marched, but moved like a wild ghost among trees.

Той вече не маршируваше, а се движеше като див призрак сред дърветата.

He became silent, cat-footed, a flicker passing through shadows.

Той замълча, с котешки крака, като проблясък, преминаващ през сенки.

He used cover with skill, crawling on his belly like a snake.

Той използваше прикритието си умело, пълзейки по корем като змия.

And like a snake, he could leap forward and strike in silence.

И като змия, той можеше да скочи напред и да удари безшумно.

He could steal a ptarmigan straight from its hidden nest.

Можеше да открадне яребица директно от скритото й гнездо.

He killed sleeping rabbits without a single sound.

Той убиваше спящи зайци без нито един звук.

He could catch chipmunks midair as they fled too slowly.

Той можеше да хване бурундуци във въздуха, докато бягаха твърде бавно.

Even fish in pools could not escape his sudden strikes.

Дори рибите в локвите не можеха да избегнат внезапните му удари.

Not even clever beavers fixing dams were safe from him.

Дори умните бобри, които поправяха язовири, не бяха в безопасност от него.

He killed for food, not for fun—but liked his own kills best.

Той убиваше за храна, не за забавление — но най-много обичаше собствените си жертви.

Still, a sly humor ran through some of his silent hunts.

И все пак, през някои от мълчаливите му ловни занимания се прокрадваше лукава нотка на хумор.

He crept up close to squirrels, only to let them escape.

Той се промъкна близо до катерици, само за да ги остави да избягат.

They were going to flee to the trees, chattering in fearful outrage.

Те щяха да избягат към дърветата, бърборейки от страховито възмущение.

As fall came, moose began to appear in greater numbers.

С настъпването на есента, лосовете започнаха да се появяват в по-голям брой.

They moved slowly into the low valleys to meet the winter.
Те се придвижваха бавно в ниските долини, за да
посрещнат зимата.
Buck had already brought down one young, stray calf.
Бък вече беше уловил едно младо, бездомно теле.
But he longed to face larger, more dangerous prey.
Но той копнееше да се изправи пред по-голяма, по-опасна
плячка.
**One day on the divide, at the creek's head, he found his
chance.**
Един ден на вододела, при извора на потока, той намери
своя шанс.
A herd of twenty moose had crossed from forested lands.
Стадо от двадесет лоса беше преминало от гористи
местности.
Among them was a mighty bull; the leader of the group.
Сред тях беше могъщ бик; водачът на групата.
The bull stood over six feet tall and looked fierce and wild.
Бикът беше висок над шест фута и изглеждаше свиреп и
див.
**He tossed his wide antlers, fourteen points branching
outward.**
Той разпери широките си рога, четиринадесет върха
разклоняващи се навън.
The tips of those antlers stretched seven feet across.
Върховете на тези рога се простираха на два метра
ширина.
His small eyes burned with rage as he spotted Buck nearby.
Малките му очи пламнаха от ярост, когато забеляза Бък
наблизо.
He let out a furious roar, trembling with fury and pain.
Той издаде яростен рев, треперейки от ярост и болка.
An arrow-end stuck out near his flank, feathered and sharp.
Връх на стрела стърчеше близо до хълбока му, оперен и
остър.
This wound helped explain his savage, bitter mood.

Тази рана помагаше да се обясни дивото му, огорчено настроение.

Buck, guided by ancient hunting instinct, made his move.

Бък, воден от древен ловен инстинкт, направи своя ход.

He aimed to separate the bull from the rest of the herd.

Той имаше за цел да отдели бика от останалата част от стадото.

This was no easy task—it took speed and fierce cunning.

Това не беше лесна задача — изискваше бързина и свирепа хитрост.

He barked and danced near the bull, just out of range.

Той лаеше и танцуваше близо до бика, точно извън обсега му.

The moose lunged with huge hooves and deadly antlers.

Лосът се нахвърли с огромни копита и смъртоносни рога.

One blow could have ended Buck's life in a heartbeat.

Един удар можеше да сложи край на живота на Бък за миг.

Unable to leave the threat behind, the bull grew mad.

Неспособен да остави заплахата зад гърба си, бикът се разяри.

He charged in fury, but Buck always slipped away.

Той се нахвърли яростно върху него, но Бък винаги се изплъзваше.

Buck faked weakness, luring him farther from the herd.

Бък се престори на слаб, примамвайки го по-далеч от стадото.

But young bulls were going to charge back to protect the leader.

Но младите бикове щяха да се втурнат в атака, за да защитят водача.

They forced Buck to retreat and the bull to rejoin the group.

Те принудиха Бък да се оттегли, а бикът да се присъедини към групата.

There is a patience in the wild, deep and unstoppable.

В дивото има търпение, дълбоко и неудържимо.

A spider waits motionless in its web for countless hours.

Паяк чака неподвижно в мрежата си безброй часове.

A snake coils without twitching, and waits till it is time.

Змията се увива без да потрепва и чака, докато дойде времето й.

A panther lies in ambush, until the moment arrives.

Пантера дебне в засада, докато настъпи подходящият момент.

This is the patience of predators who hunt to survive.

Това е търпението на хищниците, които ловуват, за да оцелеят.

That same patience burned inside Buck as he stayed close.

Същото търпение гореше и в Бък, докато стоеше наблизо.

He stayed near the herd, slowing its march and stirring fear.

Той остана близо до стадото, забавяйки похода му и всявайки страх.

He teased the young bulls and harassed the mother cows.

Той дразнеше младите бикове и тормозеше майките крави.

He drove the wounded bull into a deeper, helpless rage.

Той докара ранения бик до още по-дълбока, безпомощна ярост.

For half a day, the fight dragged on with no rest at all.

В продължение на половин ден битката се проточи без никаква почивка.

Buck attacked from every angle, fast and fierce as wind.

Бък атакуваше от всеки ъгъл, бърз и свиреп като вятъра.

He kept the bull from resting or hiding with its herd.

Той не позволявал на бика да си почине или да се скрие със стадото си.

Buck wore down the moose's will faster than its body.

Бък изтощи волята на лоса по-бързо от тялото му.

The day passed and the sun sank low in the northwest sky.

Денят отмина и слънцето се спусна ниско в северозападното небе.

The young bulls returned more slowly to help their leader.

Младите бикове се върнаха по-бавно, за да помогнат на водача си.

Fall nights had returned, and darkness now lasted six hours.
Есенните нощи се бяха завърнали и тъмнината вече
траеше шест часа.

Winter was pressing them downhill into safer, warmer valleys.
Зимата ги притискаше надолу към по-безопасни, по-
топли долини.

But still they couldn't escape the hunter that held them back.
Но все пак не можеха да избягат от ловеца, който ги
държеше.

Only one life was at stake—not the herd's, just their leader's.
Само един живот беше заложен на карта — не на стадото,
а само на водача им.

That made the threat distant and not their urgent concern.
Това правеше заплахата далечна и не ги правеше
неотложна грижа.

In time, they accepted this cost and let Buck take the old bull.
С времето те приеха тази цена и позволиха на Бък да вземе
стария бик.

As twilight settled in, the old bull stood with his head down.
Докато се спускаше здрач, старият бик стоеше с наведена
глава.

He watched the herd he had led vanish into the fading light.
Той наблюдаваше как стадото, което беше повел, изчезва в
гаснещата светлина.

There were cows he had known, calves he had once fathered.
Имаше крави, които познаваше, телета, чиито баща
някога беше отгледал.

There were younger bulls he had fought and ruled in past seasons.
Имаше по-млади бикове, с които се беше борил и които
беше управлявал в минали сезони.

He could not follow them—for before him crouched Buck again.

Той не можеше да ги последва — защото пред него отново се беше свил Бък.

The merciless fanged terror blocked every path he might take.

Безмилостният ужас с остри зъби блокираше всеки път, който можеше да поеме.

The bull weighed more than three hundredweight of dense power.

Бикът тежеше повече от триста килограма плътна сила.

He had lived long and fought hard in a world of struggle.

Той беше живял дълго и се беше борил упорито в свят на борби.

Yet now, at the end, death came from a beast far beneath him.

И все пак сега, накрая, смъртта идваше от звяр, далеч под него.

Buck's head did not even rise to the bull's huge knuckled knees.

Главата на Бък дори не стигна до огромните, свити колене на бика.

From that moment on, Buck stayed with the bull night and day.

От този момент нататък Бък остана с бика денем и нощем.

He never gave him rest, never allowed him to graze or drink.

Той никога не му даваше почивка, никога не му позволяваше да пасе или да пие.

The bull tried to eat young birch shoots and willow leaves.

Бикът се опита да яде млади брезови издънки и върбови листа.

But Buck drove him off, always alert and always attacking.

Но Бък го отблъсна, винаги нащрек и винаги атакуващ.

Even at trickling streams, Buck blocked every thirsty attempt.

Дори при тихите потоци Бък блокираше всеки жаден опит.

Sometimes, in desperation, the bull fled at full speed.

Понякога, в отчаяние, бикът бягаше с пълна скорост.

Buck let him run, loping calmly just behind, never far away.

Бък го остави да тича, подскачайки спокойно точно зад него, никога не се отдалечавайки.

When the moose paused, Buck lay down, but stayed ready.

Когато лосът спря, Бък легна, но остана готов.

If the bull tried to eat or drink, Buck struck with full fury.

Ако бикът се опиташе да яде или пие, Бък удряше с пълна ярост.

The bull's great head sagged lower under its vast antlers.

Голямата глава на бика хлътна още по-ниско под огромните му рога.

His pace slowed, the trot became a heavy; a stumbling walk.

Темпото му се забави, тръсът стана тежък; препъваща се походка.

He often stood still with drooped ears and nose to the ground.

Той често стоеше неподвижно с увиснали уши и нос към земята.

During those moments, Buck took time to drink and rest.

През тези моменти Бък отделяше време да пие и да си почива.

Tongue out, eyes fixed, Buck sensed the land was changing.

С изплезен език и втренчен поглед, Бък усети, че земята се променя.

He felt something new moving through the forest and sky.

Той усети нещо ново да се движи през гората и небето.

As moose returned, so did other creatures of the wild.

С завръщането на лосовете се завръщаха и други дивите същества.

The land felt alive with presence, unseen but strongly known.

Земята се усещаше жива с присъствие, невидима, но силно позната.

It was not by sound, sight, nor by scent that Buck knew this.

Бък не знаеше това по звук, зрение или обоняние.

A deeper sense told him that new forces were on the move.

По-дълбоко чувство му подсказваше, че нови сили са в движение.

Strange life stirred through the woods and along the streams.

Странен живот се раздвижваше из горите и покрай потоците.

He resolved to explore this spirit, after the hunt was complete.

Той реши да изследва този дух, след като ловът приключи.

On the fourth day, Buck brought down the moose at last.

На четвъртия ден Бък най-накрая свали лоса.

He stayed by the kill for a full day and night, feeding and resting.

Той остана до жертвата цял ден и нощ, хранейки се и почивайки.

He ate, then slept, then ate again, until he was strong and full.

Той яде, после спеше, после пак яде, докато не се нахрани и не се насити.

When he was ready, he turned back toward camp and Thornton.

Когато беше готов, той се обърна обратно към лагера и Торнтън.

With steady pace, he began the long return journey home.

С равномерна крачка той започна дългото пътуване обратно към дома.

He ran in his tireless lope, hour after hour, never once straying.

Той тичаше неуморно, час след час, без нито веднъж да се отклони.

Through unknown lands, he moved straight as a compass needle.

През непознати земи той се движеше праволинейно като стрелка на компас.

His sense of direction made man and map seem weak by comparison.

Чувството му за посока караше човекът и картата да изглеждат слаби в сравнение с него.

As Buck ran, he felt more strongly the stir in the wild land.

Докато Бък тичаше, той усещаше все по-силно раздвижването в дивата земя.

It was a new kind of life, unlike that of the calm summer months.

Това беше нов вид живот, различен от този през спокойните летни месеци.

This feeling no longer came as a subtle or distant message.

Това чувство вече не идваше като едва доловим или далечен сигнал.

Now the birds spoke of this life, and squirrels chattered about it.

Сега птиците говореха за този живот, а катериците бъбреха за него.

Even the breeze whispered warnings through the silent trees.

Дори бризът нашепваше предупреждения през тихите дървета.

Several times he stopped and sniffed the fresh morning air.

Няколко пъти той спираше и подушваше свежия сутрешен въздух.

He read a message there that made him leap forward faster.

Той прочете там съобщение, което го накара да скочи напред по-бързо.

A heavy sense of danger filled him, as if something had gone wrong.

Тежко чувство за опасност го изпълни, сякаш нещо се беше объркало.

He feared calamity was coming—or had already come.

Той се страхуваше, че бедствието идва — или вече е дошло.

He crossed the last ridge and entered the valley below.

Той прекоси последния хребет и влезе в долината отдолу.

He moved more slowly, alert and cautious with every step.

Той се движеше по-бавно, бдителен и предпазлив с всяка стъпка.

Three miles out he found a fresh trail that made him stiffen.

На три мили разстояние той намери прясна следа, която го накара да се вцепени.

The hair along his neck rippled and bristled in alarm.

Косата по врата му настръхна и се накъдри от тревога.

The trail led straight toward the camp where Thornton waited.

Пътеката водеше право към лагера, където чакаше Торнтън.

Buck moved faster now, his stride both silent and swift.

Бък се движеше по-бързо сега, крачката му беше едновременно безшумна и бърза.

His nerves tightened as he read signs others were going to miss.

Нервите му се стегнаха, докато разчиташе знаци, които другите щяха да пропуснат.

Each detail in the trail told a story — except the final piece.

Всеки детайл от пътеката разказваше история – с изключение на последната част.

His nose told him about the life that had passed this way.

Носът му разказваше за живота, който беше преминал по този път.

The scent gave him a changing picture as he followed close behind.

Миризмата му придаде променяща се картина, докато го следваше плътно зад него.

But the forest itself had gone quiet; unnaturally still.

Но самата гора беше притихнала; неестествено неподвижна.

Birds had vanished, squirrels were hidden, silent and still.

Птиците бяха изчезнали, катериците се бяха скрили, мълчаливи и неподвижни.

He saw only one gray squirrel, flat on a dead tree.

Той видя само една сива катерица, просната върху едно мъртво дърво.

The squirrel blended in, stiff and motionless like a part of the forest.

Катерицата се сля с тълпата, скована и неподвижна като част от гората.

Buck moved like a shadow, silent and sure through the trees.

Бък се движеше като сянка, безшумно и сигурно през дърветата.

His nose jerked sideways as if pulled by an unseen hand.

Носът му се изви настрани, сякаш го дръпна невидима ръка.

He turned and followed the new scent deep into a thicket.

Той се обърна и последва новата миризма дълбоко в гъсталака.

There he found Nig, lying dead, pierced through by an arrow.

Там той намери Ниг, проснат мъртъв, пронизан от стрела.

The shaft passed clear through his body, feathers still showing.

Стрелата преминала през тялото му, перата все още се виждали.

Nig had dragged himself there, but died before reaching help.

Ниг се беше довлякъл до там, но умря, преди да стигне до помощ.

A hundred yards farther on, Buck found another sled dog.

Стотина метра по-нататък Бък намери друго куче за впряг.

It was a dog that Thornton had bought back in Dawson City.

Това беше куче, което Торнтън беше купил още от Доусън Сити.

The dog was in a death struggle, thrashing hard on the trail.

Кучето се бореше на смърт, блъскайки се силно по пътеката.

Buck passed around him, not stopping, eyes fixed ahead.

Бък го подмина, без да спира, с очи, вперени напред.

From the direction of the camp came a distant, rhythmic chant.

Откъм лагера се чуваше далечно, ритмично скандиране.

Voices rose and fell in a strange, eerie, sing-song tone.
Гласове се издигаха и затихваха със странен, зловещ, напевен тон.

Buck crawled forward to the edge of the clearing in silence.
Бък пропълзя мълчаливо напред към края на поляната.

There he saw Hans lying face-down, pierced with many arrows.
Там той видя Ханс да лежи по лице надолу, пронизан от много стрели.

His body looked like a porcupine, bristling with feathered shafts.
Тялото му приличаше на таралеж, осеяно с пернати стрели.

At the same moment, Buck looked toward the ruined lodge.
В същия момент Бък погледна към разрушената хижа.

The sight made the hair rise stiff on his neck and shoulders.
Гледката накара косата му да настръхне по врата и раменете.

A storm of wild rage swept through Buck's whole body.
Буря от дива ярост заля цялото тяло на Бък.

He growled aloud, though he did not know that he had.
Той изръмжа на глас, макар че не знаеше, че го е направил.

The sound was raw, filled with terrifying, savage fury.
Звукът беше суров, изпълнен с ужасяваща, дива ярост.

For the last time in his life, Buck lost reason to emotion.
За последен път в живота си Бък загуби разум и емоции.

It was love for John Thornton that broke his careful control.
Любовта към Джон Торнтън беше тази, която наруши внимателното му самообладание.

The Yeehats were dancing around the wrecked spruce lodge.
Йийхатите танцуваха около разрушената хижа от смърч.

Then came a roar—and an unknown beast charged toward them.
Тогава се чу рев — и непознат звяр се втурна към тях.

It was Buck; a fury in motion; a living storm of vengeance.

Това беше Бък; ярост в движение; жива буря от отмъщение.

He flung himself into their midst, mad with the need to kill.

Той се хвърли сред тях, обезумял от нуждата да убива.

He leapt at the first man, the Yeehat chief, and struck true.

Той скочи към първия мъж, вожда на йихатците, и удари право в целта.

His throat was ripped open, and blood spouted in a stream.

Гърлото му беше разкъсано и кръв бликаше на струя.

Buck did not stop, but tore the next man's throat with one leap.

Бък не спря, а с един скок разкъса гърлото на следващия мъж.

He was unstoppable — ripping, slashing, never pausing to rest.

Той беше неудържим - разкъсваше, разсичаше, никога не спираше за почивка.

He darted and sprang so fast their arrows could not touch him.

Той се стрелна и подскочи толкова бързо, че стрелите им не можаха да го докоснат.

The Yeehats were caught in their own panic and confusion.

Йийхатите бяха обзети от собствена паника и объркване.

Their arrows missed Buck and struck one another instead.

Стрелите им не улучиха Бък и вместо това се улучиха една в друга.

One youth threw a spear at Buck and hit another man.

Един младеж хвърли копие по Бък и улучи друг мъж.

The spear drove through his chest, the point punching out his back.

Копието прониза гърдите му, а върхът му се разпиля в гърба.

Terror swept over the Yeehats, and they broke into full retreat.

Ужас обзе йихатците и те се втурнаха в пълно отстъпление.

They screamed of the Evil Spirit and fled into the forest shadows.

Те изкрещяха за Злия Дух и избягаха в горските сенки.

Truly, Buck was like a demon as he chased the Yeehats down.

Наистина, Бък беше като демон, докато гонеше Йийхатите.

He tore after them through the forest, bringing them down like deer.

Той се втурна след тях през гората, поваляйки ги като елени.

It became a day of fate and terror for the frightened Yeehats.

Това се превърна в ден на съдба и ужас за уплашените йихати.

They scattered across the land, fleeing far in every direction.

Те се разпръснаха по земята, бягайки надалеч във всички посоки.

A full week passed before the last survivors met in a valley.

Мина цяла седмица, преди последните оцелели да се срещнат в една долина.

Only then did they count their losses and speak of what happened.

Едва тогава те преброиха загубите си и говориха за случилото се.

Buck, after tiring of the chase, returned to the ruined camp.

Бък, след като се умори от преследването, се върна в разрушения лагер.

He found Pete, still in his blankets, killed in the first attack.

Той намери Пийт, все още с одеялата си, убит при първата атака.

Signs of Thornton's last struggle were marked in the dirt nearby.

Следи от последната борба на Торнтън бяха отбелязани в пръстта наблизо.

Buck followed every trace, sniffing each mark to a final point.

Бък проследи всяка следа, подушвайки всяка маркировка до крайната точка.

At the edge of a deep pool, he found faithful Skeet, lying still.

На ръба на дълбок вир той намери верния Скийт, който лежеше неподвижно.

Skeet's head and front paws were in the water, unmoving in death.

Главата и предните лапи на Скийт бяха във водата, неподвижни в смъртта.

The pool was muddy and tainted with runoff from the sluice boxes.

Басейнът беше кален и замърсен с оттичащи се води от шлюзовите кутии.

Its cloudy surface hid what lay beneath, but Buck knew the truth.

Облачната му повърхност криеше какво се криеше отдолу, но Бък знаеше истината.

He tracked Thornton's scent into the pool — but the scent led nowhere else.

Той проследи миризмата на Торнтън в басейна, но миризмата не водеше никъде другаде.

There was no scent leading out — only the silence of deep water.

Нямаше никакъв аромат, който да води навън — само тишината на дълбоката вода.

All day Buck stayed near the pool, pacing the camp in grief.

Цял ден Бък прекара близо до вира, крачейки из лагера обзет от скръб.

He wandered restlessly or sat in stillness, lost in heavy thought.

Той се скиташе неспокойно или седеше неподвижно, потънал в тежки мисли.

He knew death; the ending of life; the vanishing of all motion.

Той познаваше смъртта; края на живота; изчезването на всяко движение.

He understood that John Thornton was gone, never to return.

Той разбираше, че Джон Торнтън го няма и никога няма да се върне.

The loss left an empty space in him that throbbed like hunger.

Загубата остави в него празнота, която пулсираше като глад.

But this was a hunger food could not ease, no matter how much he ate.

Но това беше глад, който храната не можеше да утоли, независимо колко ядеше.

At times, as he looked at the dead Yeehats, the pain faded.

Понякога, докато гледаше мъртвите Йийхати, болката отшумяваше.

And then a strange pride rose inside him, fierce and complete.

И тогава в него се надигна странна гордост, свирепа и безкрайна.

He had killed man, the highest and most dangerous game of all.

Той беше убил човек, най-висшата и най-опасна игра от всички.

He had killed in defiance of the ancient law of club and fang.

Той беше убил, нарушавайки древния закон на тоягата и зъба.

Buck sniffed their lifeless bodies, curious and thoughtful.

Бък подуши безжизнените им тела, любопитен и замислен.

They had died so easily—much easier than a husky in a fight.

Бяха умрели толкова лесно — много по-лесно от хъски в бой.

Without their weapons, they had no true strength or threat.

Без оръжията си те нямаха истинска сила или заплаха.

Buck was never going to fear them again, unless they were armed.

Бък никога повече нямаше да се страхува от тях, освен ако не бяха въоръжени.

Only when they carried clubs, spears, or arrows he'd beware.

Само когато носеха тояги, копия или стрели, той щеше да внимава.

Night fell, and a full moon rose high above the tops of the trees.

Падна нощ и пълна луна се издигна високо над върховете на дърветата.

The moon's pale light bathed the land in a soft, ghostly glow like day.

Бледата светлина на луната обливаше земята в меко, призрачно сияние, подобно на дневен блясък.

As the night deepened, Buck still mourned by the silent pool.

Докато нощта се сгъстяваше, Бък продължаваше да скърби край тихия вир.

Then he became aware of a different stirring in the forest.

Тогава той усети различно раздвижване в гората.

The stirring was not from the Yeehats, but from something older and deeper.

Раздвижването не идваше от Йийхатите, а от нещо по-старо и по-дълбоко.

He stood up, ears lifted, nose testing the breeze with care.

Той се изправи, надигна уши и внимателно провери нос от вятъра.

From far away came a faint, sharp yelp that pierced the silence.

Отдалеч се чу слаб, остър вик, който проряза тишината.

Then a chorus of similar cries followed close behind the first.

След това, веднага след първия, се разнесе хор от подобни викове.

The sound drew nearer, growing louder with each passing moment.

Звукът се приближаваше, усилвайки се с всеки изминал момент.

Buck knew this cry—it came from that other world in his memory.

Бък познаваше този вик — той идваше от онзи друг свят в паметта му.

He walked to the center of the open space and listened closely.

Той отиде до центъра на откритото пространство и се ослуша внимателно.

The call rang out, many-noted and more powerful than ever.

Зовът прозвуча, многозвучен и по-силен от всякога.

And now, more than ever before, Buck was ready to answer his calling.

И сега, повече от всякога, Бък беше готов да откликне на призива си.

John Thornton was dead, and no tie to man remained within him.

Джон Торнтън беше мъртъв и в него не остана никаква връзка с човека.

Man and all human claims were gone—he was free at last.

Човекът и всички човешки претенции бяха изчезнали — той най-накрая беше свободен.

The wolf pack were chasing meat like the Yeehats once had.

Вълчата глутница гонеше месо, както някога са правили йехатите.

They had followed moose down from the timbered lands.

Те бяха проследили лосове от гористите земи.

Now, wild and hungry for prey, they crossed into his valley.

Сега, диви и жадни за плячка, те прекосиха неговата долина.

Into the moonlit clearing they came, flowing like silver water.

В осветената от лунната светлина поляна те се стичаха като сребърна вода.

Buck stood still in the center, motionless and waiting for them.

Бък стоеше неподвижно в центъра, неподвижен и ги чакаше.

His calm, large presence stunned the pack into a brief silence.

Спокойното му, едро присъствие зашемети глутницата и я погълна за кратко.

Then the boldest wolf leapt straight at him without hesitation.

Тогава най-смелият вълк скочи право върху него без колебание.

Buck struck fast and broke the wolf's neck in a single blow.

Бък удари бързо и счупи врата на вълка с един удар.

He stood motionless again as the dying wolf twisted behind him.

Той отново застана неподвижно, докато умиращият вълк се извиваше зад него.

Three more wolves attacked quickly, one after the other.

Още три вълка атакуваха бързо, един след друг.

Each retreated bleeding, their throats or shoulders slashed.

Всеки отстъпваше, кървейки, с прерязани гърла или рамене.

That was enough to trigger the whole pack into a wild charge.

Това беше достатъчно, за да предизвика дива атака на цялата глутница.

They rushed in together, too eager and crowded to strike well.

Те се втурнаха заедно, твърде нетърпеливи и претъпкани, за да ударят добре.

Buck's speed and skill allowed him to stay ahead of the attack.

Скоростта и умението на Бък му позволиха да изпревари атаката.

He spun on his hind legs, snapping and striking in all directions.

Той се завъртя на задните си крака, щракайки и удряйки във всички посоки.

To the wolves, this seemed like his defense never opened or faltered.

За вълците това изглеждаше сякаш защитата му никога не се е отваряла или поклащала.

He turned and slashed so quickly they could not get behind him.

Той се обърна и замахна толкова бързо, че не можаха да го задържат зад гърба си.

Nonetheless, their numbers forced him to give ground and fall back.

Въпреки това, броят им го принуди да отстъпи и да се оттегли.

He moved past the pool and down into the rocky creek bed.

Той подмина вира и се спусна в каменистото корито на потока.

There he came up against a steep bank of gravel and dirt.

Там той се натъкна на стръмен бряг от чакъл и пръст.

He edged into a corner cut during the miners' old digging.

Той се вмъкна в ъглов изрез по време на старото копаене на миньорите.

Now, protected on three sides, Buck faced only the front wolf.

Сега, защитен от три страни, Бък се изправяше срещу само предния вълк.

There, he stood at bay, ready for the next wave of assault.

Там той стоеше встрани, готов за следващата вълна от атаки.

Buck held his ground so fiercely that the wolves drew back.

Бък отстояваше позициите си толкова яростно, че вълците се отдръпнаха.

After half an hour, they were worn out and visibly defeated.

След половин час те бяха изтощени и видимо победени.

Their tongues hung out, their white fangs gleamed in moonlight.

Езиците им висяха, белите им зъби блестяха на лунна светлина.

Some wolves lay down, heads raised, ears pricked toward Buck.

Няколко вълци легнаха, с вдигнати глави и наострени уши към Бък.

Others stood still, alert and watching his every move.

Други стояха неподвижно, нащрек и наблюдаваха всяко негово движение.

A few wandered to the pool and lapped up cold water.

Няколко души се разходиха до басейна и се напиха със студена вода.

Then one long, lean gray wolf crept forward in a gentle way.

Тогава един висок, слаб сив вълк се промъкна напред по нежен начин.

Buck recognized him—it was the wild brother from before.

Бък го позна — това беше дивият брат от преди.

The gray wolf whined softly, and Buck replied with a whine.

Сивият вълк изскимтя тихо, а Бък отговори с хленчене.

They touched noses, quietly and without threat or fear.

Те докоснаха носовете си, тихо и без заплаха или страх.

Next came an older wolf, gaunt and scarred from many battles.

След това дойде един по-възрастен вълк, измършавял и белязан от много битки.

Buck started to snarl, but paused and sniffed the old wolf's nose.

Бък започна да ръмжи, но спря и подуши носа на стария вълк.

The old one sat down, raised his nose, and howled at the moon.

Старецът седна, вдигна нос и зала към луната.

The rest of the pack sat down and joined in the long howl.

Останалата част от глутницата седна и се присъедини към продължителния вой.

And now the call came to Buck, unmistakable and strong.

И сега зовът достигна до Бък, безпогрешен и силен.

He sat down, lifted his head, and howled with the others.

Той седна, вдигна глава и зави заедно с останалите.

When the howling ended, Buck stepped out of his rocky shelter.

Когато воят спря, Бък излезе от скалистия си заслон.

The pack closed in around him, sniffing both kindly and warily.

Глутницата се обгърна около него, душейки едновременно любезно и предпазливо.

Then the leaders gave the yelp and dashed off into the forest.

Тогава водачите извикаха и се втурнаха в гората.

The other wolves followed, yelping in chorus, wild and fast in the night.

Другите вълци ги последваха, виейки в хор, диви и бързи в нощта.

Buck ran with them, beside his wild brother, howling as he ran.

Бък тичаше с тях, редом с дивия си брат, и виеше, докато тичаше.

Here, the story of Buck does well to come to its end.

Тук историята на Бък е добре да стигне до своя край.

In the years that followed, the Yeehats noticed strange wolves.

В следващите години йехатите забелязали странни вълци.

Some had brown on their heads and muzzles, white on the chest.

Някои имаха кафяво на главите и муцуните, бяло на гърдите.

But even more, they feared a ghostly figure among the wolves.

Но още повече се страхуваха от призрачна фигура сред вълците.

They spoke in whispers of the Ghost Dog, leader of the pack.

Те говореха шепнешком за Кучето-призрак, водач на глутницата.

This Ghost Dog had more cunning than the boldest Yeehat hunter.

Това Куче-призрак беше по-хитро от най-смелия ловец на йихати.

The ghost dog stole from camps in deep winter and tore their traps apart.

Кучето-призрак крадеше от лагери в дълбока зима и разкъсваше капаните им.

The ghost dog killed their dogs and escaped their arrows without a trace.

Кучето-призрак уби кучетата им и избяга от стрелите им безследно.

Even their bravest warriors feared to face this wild spirit.

Дори най-смелите им воини се страхуваха да се изправят срещу този див дух.

No, the tale grows darker still, as the years pass in the wild.

Не, историята става още по-мрачна с течение на годините в дивата природа.

Some hunters vanish and never return to their distant camps.

Някои ловци изчезват и никога не се връщат в далечните си лагери.

Others are found with their throats torn open, slain in the snow.

Други са намерени с разкъсани гърла, убити в снега.

Around their bodies are tracks—larger than any wolf could make.

Около телата им има следи – по-големи от тези, които който и да е вълк би могъл да остави.

Each autumn, Yeehats follow the trail of the moose.

Всяка есен Йихатите следват следите на лоса.

But they avoid one valley with fear carved deep into their hearts.

Но те избягват една долина със страх, дълбоко вдълбан в сърцата им.

They say the valley is chosen by the Evil Spirit for his home.
Казват, че долината е избрана от Злия Дух за свой дом.

And when the tale is told, some women weep beside the fire.
И когато историята се разказва, някои жени плачат край огъня.

But in summer, one visitor comes to that quiet, sacred valley.
Но през лятото един посетител идва в тази тиха, свещена долина.

The Yeehats do not know of him, nor could they understand.
Йихатите не го познават, нито биха могли да го разберат.

The wolf is a great one, coated in glory, like no other of his kind.
Вълкът е страхотен, облян в слава, не като никой друг от неговия вид.

He alone crosses from green timber and enters the forest glade.
Той сам прекосява зелената гора и влиза в горската поляна.

There, golden dust from moose-hide sacks seeps into the soil.
Там златен прах от чували от лосова кожа се просмуква в почвата.

Grass and old leaves have hidden the yellow from the sun.
Трева и старите листа са скрили жълтото от слънцето.

Here, the wolf stands in silence, thinking and remembering.
Ето, вълкът стои мълчаливо, мисли и си спомня.

He howls once—long and mournful—before he turns to go.
Той извиква веднъж — продължително и тъжно — преди да се обърне да си тръгне.

Yet he is not always alone in the land of cold and snow.
И все пак той не винаги е сам в страната на студа и снега.

When long winter nights descend on the lower valleys.
Когато дългите зимни нощи се спуснат над долните долини.

When the wolves follow game through moonlight and frost.

Когато вълците преследват дивеча през лунна светлина и мраз.

Then he runs at the head of the pack, leaping high and wild.

След това той тича начело на глутницата, скачайки високо и диво.

His shape towers over the others, his throat alive with song.

Формата му се извисява над останалите, гърлото му е пълно с песен.

It is the song of the younger world, the voice of the pack.

Това е песента на по-младия свят, гласът на глутницата.

He sings as he runs—strong, free, and forever wild.

Той пее, докато тича – силен, свободен и вечно див.